Cahier d'activités

HOLT, RINEHART AND WINSTON

A Harcourt Classroom Education Company

Austin • New York • Orlando • Atlanta • San Francisco • Boston • Dallas • Toro

Contributing Writers

Jill Beede
Tahoma, CA

Séverine Champeny
San Diego, CA

Copyright © by Holt, Rinehart and Winston

All rights reserved. No part of this publication may be reproduced or transmitted in any form or by any means, electronic or mechanical, including photocopy, recording, or any information storage and retrieval system, without permission in writing from the publisher.

Requests for permission to make copies of any part of the work should be mailed to the following address: Permissions Department, Holt, Rinehart and Winston, 10801 N. MoPac Expressway, Building 3, Austin, Texas 78759.

Cover Photo Credits
Group of students: Marty Granger/HRW Photo; French books: Sam Dudgeon/HRW Photo

Art Credits
All art, unless otherwise noted, by Holt, Rinehart and Winston.
Page 3, Yves Larvor; 11, Jean Pierre Foissy; 43, Gwenneth Barth; 46, Pascal Garnier; 48, Sylvie Rochart; 67, Sylvie Rochart; 86, Jocelyne Bouchard; 91, Jocelyne Bouchard.

Photography Credits
Page 10, HRW Photo/Marty Granger/Edge Productions; 23, Boule et Bill © 1980 ROBA & S.A. Editions, Jean Dupuis; 54, HRW Photo/Marty Granger/Edge Productions; 72, Naboru Komine/Photo Researchers, Inc.; 90 (t), Nik Wheeler; (c), Ric Ergenbright; 99 (t), (b), HRW Photo/Marty Granger/Edge Productions; 102 (all), Ciné Plus; 114 (tl), (bl), Steven Ferry; (tr), Ron Chapple/FPG International; 114 (br), Al Tielemans/Duomo; 128 (all), Daniel Schaefer; 133 (tl), (br), David Madison; 133 (tr), Focus on Sports; 133 (bl), Simon Bruty/Allsport.

ALLEZ, VIENS! is a trademark licensed to Holt, Rinehart and Winston, registered in the United States of America and/or other jurisdictions.

Printed in the United States of America

ISBN 0-03-065003-8

6 7 018 05

Contents

Copyright © by Holt, Rinehart and Winston. All rights reserved.

CHAPITRE 1

Nom ______________________ Classe ______________ Date ______________

France, les régions

MISE EN TRAIN

1 Les retrouvailles

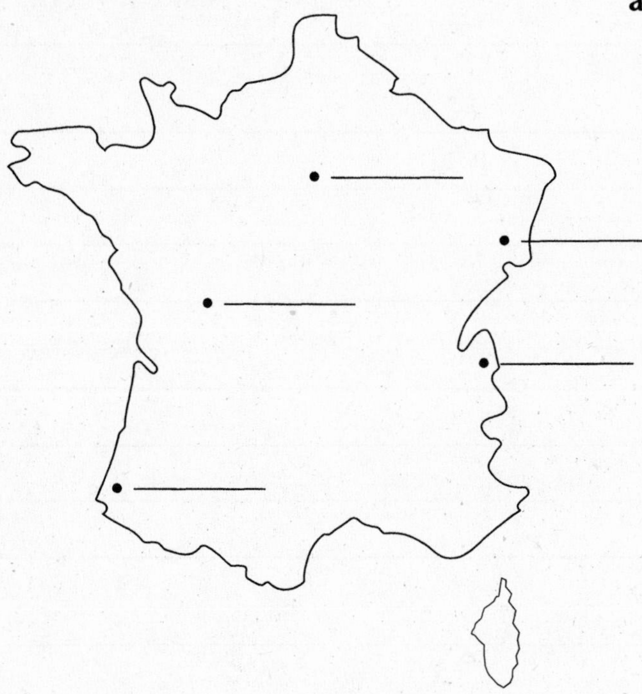

a. Lis ce que les cinq amis des **Retrouvailles** disent et décide dans quelle ville ils sont allés pendant leurs vacances. Ensuite, écris le nom de ces villes sur la carte de France.

YASMINE J'ai visité Notre-Dame.

____

JULIEN Je suis allé au bord de la mer.

____

PATRICIA Je suis restée ici.

____

PAULINE J'ai visité le Futuroscope.

____

HECTOR Je suis allé en Savoie.

____

b. Maintenant, rappelle-toi la scène des **Retrouvailles** et décide qui parle.

1. «Je me suis baigné tous les jours et j'ai fait de la planche à voile.»

   ____

2. «Nous sommes allées au cinéma. Nous avons fait de l'équitation et nous sommes allées à la piscine.»

   ____

3. «Je suis allée me promener en voiture avec mes parents. Nous avons visité les châteaux de la Loire.»

   ____

4. «Je suis parti trois semaines en camp de vacances. Nous avons fait du vélo et du rafting.»

   ____

5. «Il a fait tellement chaud et lourd qu'à la fin, j'en avais marre des visites.»

   ____

Copyright © by Holt, Rinehart and Winston. All rights reserved.

PREMIERE ETAPE

2 La fête du village Chaque été, Suzette revient dans sa ville pour la fête du 14 juillet. Elle voit beaucoup de monde qu'elle n'a pas vu depuis longtemps. Ecris sa conversation avec chaque personne qu'elle rencontre.

1. SUZETTE ______
   LE PERE DE MAGALI ______
2. SUZETTE ______
   MAGALI ______
3. SUZETTE ______
   HELENE ______
4. SUZETTE ______
   AHMED ______

3 La rentrée scolaire A la rentrée, Julien demande à ses copains et copines s'ils ont passé de bonnes vacances. Relie les phrases qui vont ensemble. Choisis une phrase différente dans chaque cas.

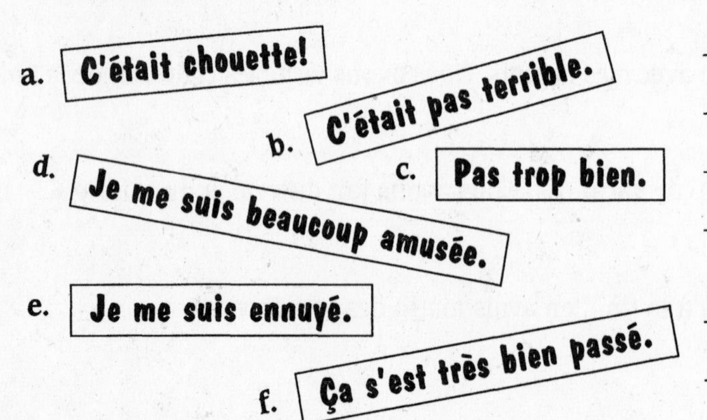

______ 1. Je me suis cassé la jambe.
______ 2. Je n'ai rien fait.
______ 3. J'ai appris à faire de la voile!
______ 4. J'ai fait du camping avec des copains.
______ 5. J'ai été malade tout le temps.
______ 6. J'ai visité des châteaux super!

Copyright © by Holt, Rinehart and Winston. All rights reserved.

4 Des activités variées Imagine comment ces jeunes décrivent leurs vacances.

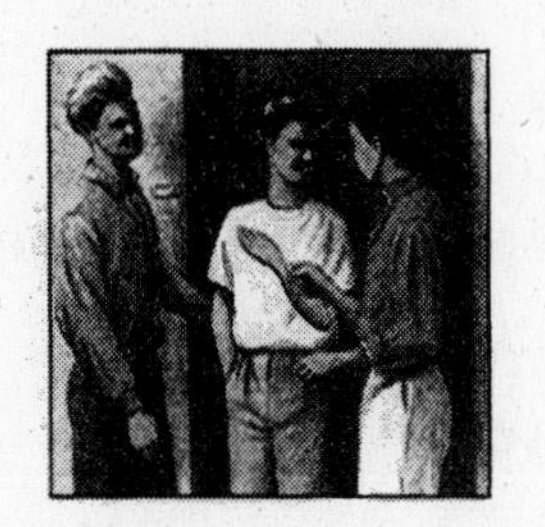

1. Stéphanie : ____________________

3. Etienne : ____________________

2. Ali : ____________________

4. Serge : ____________________

5 Retour de vacances Paul a passé un mois de vacances au Canada. Rentré chez lui, il téléphone à Carole pour lui raconter ses vacances. Complète leur conversation logiquement.

PAUL Bonjour, Carole. C'est Paul.

CAROLE Bonjour, Paul. Ça va?

PAUL Oui, je viens de rentrer de vacances. J'étais à Montréal.

CAROLE Quand est-ce que tu y es allé?

PAUL ____________________.

CAROLE Avec qui est-ce que tu y es allé?

PAUL ____________________.

CAROLE Ah bon! Et vous êtes partis comment?

PAUL ____________________.

CAROLE Où est-ce que vous avez dormi?

PAUL ____________________.

CAROLE Quel temps est-ce qu'il a fait? Il a fait chaud?

PAUL ____________________. Et toi? Est-ce que tu es restée ici?

CAROLE ____________________.

PAUL C'est dommage. Allez, à plus tard.

CAROLE Au revoir.

Copyright © by Holt, Rinehart and Winston. All rights reserved.

6 Les grandes vacances En classe, chaque élève raconte un souvenir de ses dernières vacances. Complète chaque phrase avec un verbe approprié au passé composé.

pouvoir faire prendre s'ennuyer voir lire travailler être
rencontrer partir rester sortir aller bien s'amuser passer se reposer avoir

PAUL Je (J') ______________ le train et je (j') ______________ en Allemagne chez mon correspondant.

JULIEN Je (J') ______________ beaucoup de livres. C'était super!

KARINE Bof! Je (J') ______________ ici et je (j') ______________ à la station-service.

AURELIE Moi, je (j') ______________ des randonnées à la campagne.

MIREILLE Et moi, je (j') ______________ tous les soirs avec mes copains.

Je (J') ______________!

FRANÇOISE Eh ben, moi, je (j') ______________. J'ai dormi jusqu'à midi tous les jours!

HAMID Moi, je n'ai rien fait, mais rien du tout! En fait, je (j') ______________ à mourir. C'était nul!

MARIE Je (J') ______________ des tas de nouveaux films.

CLAUDE Moi, je (j') ______________ une semaine en Espagne. C'était chouette.

7 Souvenirs de Martinique Tu es chez ton amie Magali qui vient de revenir de Fort-de-France. Elle téléphone à Gisèle pour lui parler de son voyage. Tu entends seulement ce que Magali dit. Ecris les questions probables de Gisèle.

— ______________________________ Fort-de-France?

— Ça se trouve à la Martinique. La ville est située dans l'ouest de la Martinique.

— ______________________________?

— C'était mieux que Poitiers.

— ______________________________?

— Il y avait beaucoup de choses à faire. On a fait de la plongée, on s'est baignés, et on a dansé le zouk.

— Et ______________________________?

— On a visité la bibliothèque Schœlcher, on a vu des forêts tropicales et des plages avec du sable noir.

— ______________________________ très chaud là-bas?

— Mais non, il faisait très beau tout le temps.

Copyright © by Holt, Rinehart and Winston. All rights reserved.

8 Mon enfance... Hélas! Dans son journal, André décrit les vacances de son enfance. Aide-le en complétant le passage suivant avec l'imparfait des verbes appropriés.

Quand j' _______________ jeune, les vacances _______________ formidables. En été, ma famille et moi, nous _______________ toujours à la plage. Nous ne _______________ jamais à l'hôtel, on _______________ plutôt du camping sur la plage. Le matin, on _______________ très tôt pour faire de la pêche. L'après-midi, mon frère et moi, nous _______________ de la plongée. Mes parents _______________ faire de la planche à voile. Le soir, mon père _______________ un feu et on _______________ et _______________. Je _______________ assez tard. Avant de dormir, mon frère et moi, nous _______________ les voix de mes parents qui _______________ doucement dans la nuit calme.

9 Il faut visiter... The French travel magazine **Grandes échappées** has a section with letters from readers, recommending exotic vacation destinations. Write a letter describing an exciting vacation spot you've visited. Include details about its location, what the weather was like, what you saw and did there, and your impressions about the place.

Copyright © by Holt, Rinehart and Winston. All rights reserved.

REMISE EN TRAIN

10 A l'auberge Cécile et ses amis mangent à **L'Auberge alsacienne.** Lis leur conversation et regarde l'addition.

A L'Auberge alsacienne

1 potage du jour	3 €
2 assiettes de crudités	10,60 €
2 plats du jour	14,84 €
1 bouchée à la reine	5,30 €
1 presskopf	6,80 €
1 truite	7,57 €
1 entrecôte grillée	9,84 €
1 gâteau au chocolat	3 €
1 sorbet ananas	3 €
2 crèmes brûlées	6,06 €
1 coca	1,80 €
TOTAL	71,81 €

(Service compris)

NABIL Moi, je vais commencer par une assiette de crudités et puis... un presskopf. Et comme dessert, une crème brûlée. J'ai une faim de loup!

CECILE Quelle est la soupe du jour?

MARIE-JO Le potage de poireaux-pommes de terre.

CECILE Très bien! J'adore les poireaux. Et ensuite, euh... je vais prendre une truite. Et une crème brûlée pour terminer.

YANN Mmm... voyons. Pour moi, ce sera l'assiette de crudités et... le plat du jour. Et pour finir, je vais prendre un sorbet à l'ananas. Et toi, Marie-Jo, tu as choisi?

MARIE-JO Qu'est-ce que c'est, le plat du jour, déjà?

YANN C'est la choucroute aujourd'hui.

MARIE-JO Très bien. Alors, une bouchée à la reine pour commencer. Et un plat du jour. Ah, oui, et un coca.

a. Si la taxe et le service sont compris dans le total, combien est-ce que chacun doit payer?

Cécile : ______ € Nabil : ______ € Marie-Jo : ______ € Yann : ______ €

b. Maintenant, réponds aux questions suivantes.

1. Il y a une erreur sur l'addition. Quels sont les plats que les amis n'ont pas commandés?

____

2. Qui a pris une boisson?

____

3. Qui n'a pas pris de dessert?

____

4. Qui a pris une spécialité alsacienne?

____

Copyright © by Holt, Rinehart and Winston. All rights reserved.

Nom ______________________ Classe ______________ Date ______________

DEUXIEME ETAPE

11 Trois façons de le dire Hélène et Siméon sont au restaurant. Hélène ne sait pas quoi prendre. Siméon lui recommande un plat. Regarde la scène et imagine trois petites conversations possibles.

HELENE	SIMEON
1. ______________________	1. ______________________
2. ______________________	2. ______________________
3. ______________________	3. ______________________

Copyright © by Holt, Rinehart and Winston. All rights reserved.

12 Un repas végétarien Tu es végétarien(ne) et tu vas au restaurant avec des amis. Tu n'as pas mangé à midi et tu as très faim. Regarde la carte et décide ce que tu veux manger. Tu ne manges ni viande ni poisson, mais tu consommes des produits laitiers de temps en temps. Ecris le nom des plats que tu choisis.

Le Routier Sympa
Menu à 12 euros

LES ENTREES
les carottes râpées — *l'assiette de crudités*
la salade de tomates — *l'assiette de charcuterie*
le céleri rémoulade — *le pâté*

LES PLATS
le steak-frites — *le filet de sole riz*
le poulet haricots verts — *champignons*
l'escalope de dinde purée — *la côtelette de porc pâtes*

LA SALADE VERTE

L'ASSIETTE DE FROMAGES
camembert — *fromage de chèvre*
brie — *roquefort*

LES DESSERTS
les glaces: vanille, fraise, chocolat
les tartes aux fruits — *la crème caramel*

____
____
____
____
____
____
____
____
____
____
____
____

13 Un menu Tu es artiste et tu dois créer un nouveau menu pour un restaurant parisien. Tu as la liste des plats du menu mais on ne t'a pas dit dans quelle catégorie tu dois écrire chaque plat. Place les plats dans les catégories appropriées.

Quiche lorraine, Café, Steak tartare, Citron pressé, Sorbet aux fraises, Salade de crudités, Jus de fruit, Presskopf, Potage du jour, Mousse aux fruits, Eau minérale, Crème brûlée, Choucroute, Tarte au citron, Filet mignon, Pâté de volaille

ENTREES
____
____
____
____
____

PLATS PRINCIPAUX
____
____
____
____
____

BOISSONS
____
____
____
____
____

DESSERTS
_______________ _______________
_______________ _______________
____

Copyright © by Holt, Rinehart and Winston. All rights reserved.

14 Les restaurateurs Tu vas ouvrir ton propre restaurant, mais d'abord tu dois créer la carte. Ta carte doit inclure *(include)* au moins trois choix pour chaque plat *(course)*, le prix en euros et le nom du restaurant.

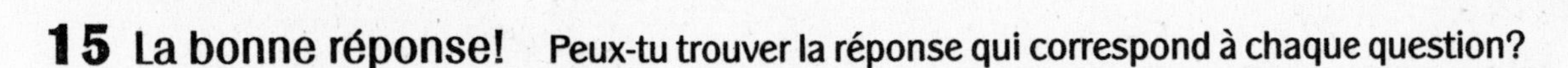

15 La bonne réponse! Peux-tu trouver la réponse qui correspond à chaque question?

_____ 1. Comment désirez-vous votre viande?

_____ 2. Qu'est-ce que vous me conseillez?

_____ 3. Et comme dessert?

_____ 4. Qu'est-ce que c'est, le cassoulet?

_____ 5. Vous avez choisi?

_____ 6. Que voulez-vous comme entrée?

a. La crème brûlée, s'il vous plaît.

b. Oui, je vais prendre la soupe à l'oignon.

c. La truite est excellente, madame.

d. Bien cuite, s'il vous plaît.

e. C'est une spécialité du Languedoc.

f. Le pâté, s'il vous plaît.

Copyright © by Holt, Rinehart and Winston. All rights reserved.

16 Un dîner élégant Michel et ses amis sont dans un restaurant français. Imagine la conversation entre Michel, ses amis et le serveur et puis, écris cette conversation.

17 Miam-miam! Tu as dîné dans un très bon restaurant pour ton anniversaire. Décris le repas en détail. Avec qui es-tu allé(e)? Qu'est-ce que tu as mangé? C'était comment?

Copyright © by Holt, Rinehart and Winston. All rights reserved.

Nom ______________________ Classe ______________ Date ______________

LISONS!

18 Journal gastronomique d'un voyageur Zap est venu sur terre de la planète Mars. Il est arrivé en France par hasard et il est très surpris de la variété de la cuisine française. Lis son journal et puis réponds aux questions.

Je suis venu sur terre un jour pour voir comment était la vie là-bas et je suis arrivé dans un pays qu'on appelle la France. J'ai découvert que tout le monde dans ce pays mange des choses que je n'ai jamais vues. Moi, d'habitude, je prends une pilule quand j'ai faim mais eux, ils mangent des plats incroyables. Par exemple, dans le nord-ouest de la France, en Normandie, un serveur m'a conseillé des «demoiselles de Cherbourg.» J'ai eu peur parce que je suis déjà marié, mais ce n'était pas des filles. C'était des petits homards. Dans une région que j'ai visitée, les gens donnent beaucoup à manger aux oies *(geese)* et puis ils mangent leur foie *(liver)* sur un morceau de pain. A Lyon, ils font des sortes de saucisses avec du poisson et du pain qu'ils appellent des quenelles. Dans le sud de la France, en Provence, ils font une soupe avec divers poissons. Ils appellent ça de la bouillabaisse. Et sur une île dans la Méditerranée qu'on appelle la Corse, il y a beaucoup de produits faits avec de la viande de porc : du pâté, du saucisson, du jambon... C'est de la charcuterie. La cuisine variée, c'est vraiment important pour les Français et moi, j'ai fini par *(I ended up)* aimer aussi.

Mais, les Français disaient toujours que j'avais l'air bizarre. Alors, un jour, on m'a donné un béret noir et une chose longue, croustillante *(crispy)* et dorée *(golden)* pour avoir l'air plus français. Tout le monde porte cette chose sous le bras midi et soir. C'est une baguette et c'est très bon quand c'est chaud. Quand je suis rentré chez moi, ma femme ne m'a pas reconnu. D'abord j'étais plus gros mais j'étais aussi en pleine forme. J'ai dit : «Chérie, je suis content de te revoir.» Et je lui ai donné le pain. Je lui ai expliqué que tout ce que les Français mangent a l'air bizarre mais finalement, c'est meilleur que les pilules. Elle a adoré la baguette et quand on a eu notre première fille, on l'a appelée «Baguette» parce qu'elle a les cheveux dorés.

1. What's the difference between the food Zap was accustomed to eating and French food?

____

2. What did Zap eat in Lyon? What is it made of?

____

3. Why was Zap afraid when the server recommended *des demoiselles de Cherbourg?*

____

4. How does Zap acquire a "French" look?

____

5. Have you had an interesting culinary experience in another American state or foreign country? Tell your reactions.

____

Copyright © by Holt, Rinehart and Winston. All rights reserved.

PANORAMA CULTUREL

19 On va au restaurant! Your French host family is taking you to a local restaurant on Sunday. Are the following situations likely or unlikely to happen? Justify your answers.

1. Your hosts plan to eat at 12:30 and go to the movies at 1:30.

____

____

____

____

2. The server brings the check along with the desserts.

____

____

____

____

20 Les traditions Answer the following questions in English.

1. What are some regional traditions reserved for special occasions?

____

____

2. What do the words **coiffe** and **sabot** mean?

____

____

21 Les plats régionaux Match the following dishes with their region or country of origin.

______ 1. La bouillabaisse		a. Le Périgord
______ 2. Les crêpes		b. La Côte d'Ivoire
______ 3. La choucroute		c. La Provence
______ 4. Le cassoulet		d. L'Alsace
______ 5. Le foie gras		e. Le Languedoc
______ 6. L'attiéké		f. La Normandie
______ 7. Les «demoiselles de Cherbourg»		g. La Bretagne

Copyright © by Holt, Rinehart and Winston. All rights reserved.

Nom ______________________ Classe ______________ Date ______________

Belgique, nous voilà!

MISE EN TRAIN

1 En route pour Bruxelles

a. Complète les phrases d'**En route pour Bruxelles.**

pardon visite changer demie passe soit kilomètres

1. Ça va nous prendre une heure et ______________ au plus.
2. Oh là là! Qu'est-ce qui se ______________?
3. N'oublie pas qu'on doit rentrer ce ______________.
4. Qu'est-ce qu'on va faire après la ______________ du Centre?
5. Euh, tu sais ______________ les pneus, toi?
6. ______________, monsieur. La route pour Bruxelles, s'il vous plaît?
7. Vous suivez la N. 89 pendant à peu près 12 ______________.

b. Ecris le nom du personnage d'**En route pour Bruxelles** qui correspond à chaque description.

Stéphane Le monsieur Hervé Le pompiste

______________ 1. Il ne sait pas quoi faire pour changer les pneus.

______________ 2. Il donne des directions pour aller à Bruxelles.

______________ 3. Il veut s'arrêter pour visiter un château.

______________ 4. Il met de l'air dans les pneus.

______________ 5. Il veut éviter la foule au Centre de la B.D.

______________ 6. Il vérifie l'huile.

______________ 7. Il demande comment arriver à l'autoroute.

Copyright © by Holt, Rinehart and Winston. All rights reserved.

Nom _______________ Classe _______________ Date _______________

PREMIERE ETAPE

2 Un séjour en Belgique Tu passes quelques jours à Liège et tu voudrais visiter la région.

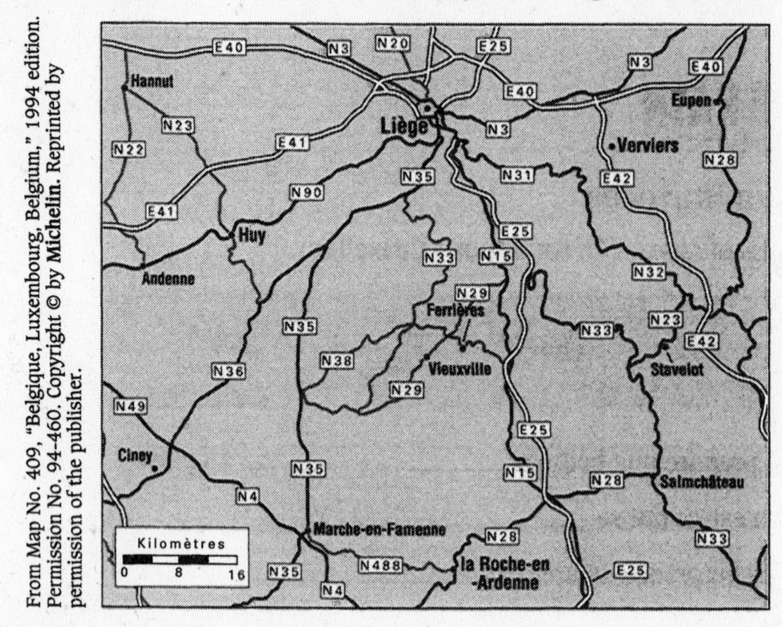

From Map No. 409, "Belgique, Luxembourg, Belgium," 1994 edition. Permission No. 94-460. Copyright © by **Michelin**. Reprinted by permission of the publisher.

a. Avant de partir, regarde la carte et indique la route que tu vas prendre pour être sûr(e) de ne pas te perdre.

Destination	Andenne	Marche-en-Famenne	Salmchâteau
Route(s) prise(s)	_______________	_______________	_______________

b. Bénédicte est à Stavelot. Elle demande la route pour Liège à une dame. Complète leur conversation en t'aidant de la carte.

BENEDICTE Pardon, madame. La route _______________ Liège, s'il vous plaît?

LA DAME Alors, vous _______________ la _______________ vers l'ouest. Vous tournez à _______________ sur la N. 33. Vous la suivez _______________ 30 km. Vous allez voir un _______________ qui indique la route E. 25. Vous _______________ à droite sur la E. 25 et Liège est à 26 km _______________.

c. Maintenant, à toi de dire à Bénédicte comment aller de Liège à Eupen.

____

____

____

____

____

Copyright © by Holt, Rinehart and Winston. All rights reserved.

3 C'est très simple... Un ami vient te voir ce week-end. Il habite dans une autre ville de ton état *(state)*. Dis-lui comment arriver dans ta ville. Consulte une carte si tu veux.

4 A la station-service Qu'est-ce que tu peux dire au/à la pompiste dans les situations suivantes?

1. Tu n'as plus d'essence.
2. Tu ne sais pas si tu as besoin d'huile.
3. Ta voiture est sale. Tu ne peux plus voir la route!
4. Tu penses que tes pneus ont besoin d'air.
5. L'huile est très vieille.

5 Une entreprise familiale Ta famille vient d'acheter une station-service. Dessine un panneau publicitaire avec le nom de votre station-service et une liste des services que vous allez offrir aux automobilistes.

Copyright © by Holt, Rinehart and Winston. All rights reserved.

6 Mots croisés Complète la grille à l'aide du verbe **conduire** à des formes et des temps différents.

HORIZONTALEMENT

1. Est-ce que tu sais... ?
2. Aujourd'hui, ils... leur mère à l'aéroport.
3. François... toujours trop vite.
4. Nous... une voiture française.
5. Tu... toujours sans regarder la route!

VERTICALEMENT

6. Hier, nous... sa voiture.
7. ... doucement! Tu sais bien que la route est mauvaise.
8. Vous... vraiment bien!

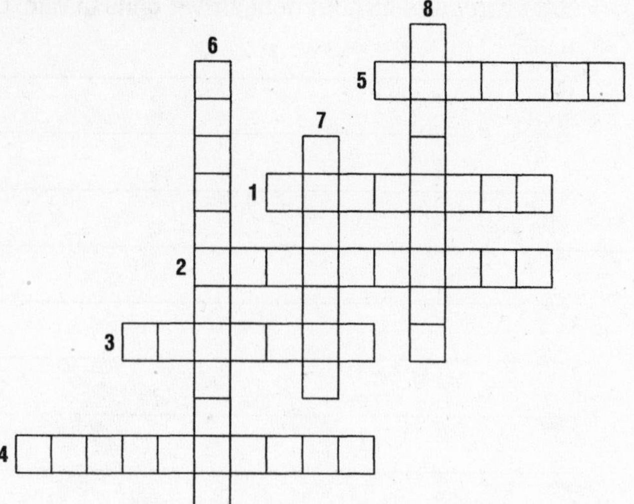

7 Que disent-ils? Julien et Ali partent en Belgique pour le week-end. Ali a peur de rater le train et Julien prend son temps. Regarde les images et devine leur conversation. Utilise une expression différente dans chaque cas.

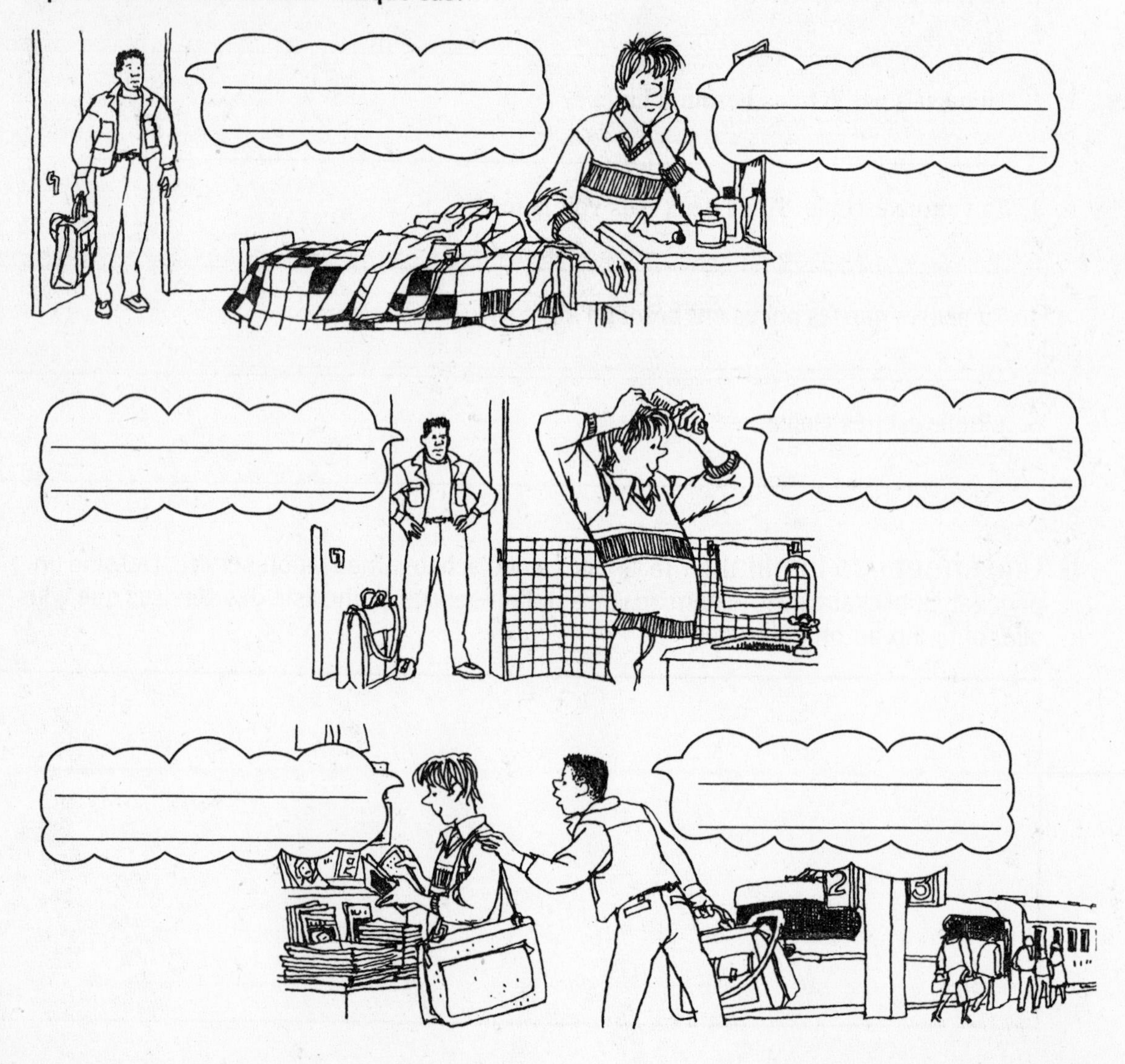

Copyright © by Holt, Rinehart and Winston. All rights reserved.

8 Quelle impatience! Ton ami(e) et toi, vous êtes en route pour aller à un concert quand ta voiture tombe en panne. Ecris ta conversation avec ton ami(e) qui est très impatient(e) d'arriver au concert.

tomber en panne — avoir un pneu crevé — voir une station-service
vérifier la pression des pneus — faire le plein — mettre de l'air dans les pneus

____

____

____

____

____

____

____

____

9 Un petit service You need to go out of town on urgent business! Write two notes, one to your brother, about chores that need to be done in the house while you're gone, and one to the service-station manager about things that need to be done to your car. Use command forms.

David, s'il te plaît,...

1. ______________________
2. ______________________
3. ______________________
4. ______________________
5. ______________________

M. Jourdain, s'il vous plaît,...

1. ______________________
2. ______________________
3. ______________________
4. ______________________
5. ______________________

Copyright © by Holt, Rinehart and Winston. All rights reserved.

REMISE EN TRAIN

10 Une enquête sur la B.D. Remplis *(fill out)* ce questionnaire pour un magazine de jeunes.

- **Quels sont tes personnages de B.D. préférés? (Par ordre de préférence.)**
  1. _______________
  2. _______________
  3. _______________
  4. _______________
- **Est-ce que tu préfères les B.D....**
  - ❑ de science-fiction?
  - ❑ d'aventures?
  - ❑ comiques?
  - ❑ autre : _______________
- **Combien d'albums de B.D. est-ce que tu possèdes?**
  - ❑ Plus de 50
  - ❑ Entre 30 et 49
  - ❑ Entre 10 et 29
  - ❑ Moins de 10
  - ❑ Pas un

11 Au centre de la B.D. Est-ce que tu te souviens de Stéphane et d'Hervé au Centre de la B.D.? Encercle les lettres devant les mots qui décrivent leur histoire.

1. Ils vont à Bruxelles pour visiter...
a. une bibliothèque.
b. un musée d'art.
c. un musée de la bande dessinée.
d. un centre aéronautique.

2. *Le Sceptre d'Ottokar* est...
a. le titre d'un album des Schtroumpfs®.
b. le titre d'un album de Tintin®.
c. l'histoire de l'architecte Horta.
d. le nom du musée.

3. Hervé est un fana...
a. de science-fiction.
b. des aventures de Tintin.
c. d'encyclopédies.
d. d'architecture.

4. Stéphane veut...
a. lire le Tintin qu'il n'a pas lu.
b. lire une B.D. des Schtroumpfs.
c. lire une B.D. pleine d'action.
d. monter dans la fusée de Tintin.

Copyright © by Holt, Rinehart and Winston. All rights reserved.

DEUXIEME ETAPE

12 Des opinions différentes

a. Solange parle des B.D. qu'elle a lues. Est-ce qu'elle les aime ou non?

	oui	non
1.	______	______
2.	______	______
3.	______	______
4.	______	______
5.	______	______

b. Tu n'es pas du tout d'accord avec Solange. Dis-lui ce que tu penses.

1. Astérix, amusant? Mais non, ______
2. Les Schtroumpfs, ennuyeux? Mais non, ______
3. Ça te branche, Tintin? Pas moi! ______
4. Lucky Luke, nul? Mais non, ______
5. Mortel, Boule et Bill? Mais non, ______

13 Qu'est-ce que tu en penses? Dis ce que tu penses des choses suivantes.

1. le français ______
______
2. le base-ball ______
______
3. la radio ______
______
4. les jeux vidéo ______
______
5. la musique rock ______
______

Copyright © by Holt, Rinehart and Winston. All rights reserved.

14 **Les dessins animés** Quel est ton dessin animé *(cartoon)* préféré? Pourquoi? Décris deux personnages et dis pourquoi tu les aimes ou ne les aimes pas.

____

____

____

____

____

____

____

____

15 **Des conseils d'ami** Juliette donne des conseils à Antonio. Imagine ce qu'elle lui dit. Utilise des verbes proposés et **le, la, les, lui** ou **leur.**

traverser téléphoner lire inviter acheter donner faire parler chercher offrir prendre vérifier

Exemple : — Je n'ai pas lu *Le Sceptre d'Ottokar.*
— Lis-le! C'est super!

1. — Je voudrais aller au cinéma avec Louise.
   — _______________

2. — J'aime beaucoup cette veste.
   — _______________

3. — Mes parents ne me laissent jamais sortir.
   — _______________

4. — Je n'ai pas fait mes devoirs de maths.
   — _______________

5. — Je voudrais avoir ce livre.
   — _______________

6. — J'aime bien Caroline et je voudrais mieux la connaître.
   — _______________

7. — Je ne trouve pas mon portefeuille. Je ne sais plus où chercher.
   — _______________

8. — Je ne sais pas quoi acheter pour l'anniversaire de Sophie et Julien.
   — _______________

Copyright © by Holt, Rinehart and Winston. All rights reserved.

16 Ta journée d'hier

a. Un de tes parents te demande ce que tu as fait hier. Réponds-lui en utilisant les pronoms **le, la, les, lui, leur, y** et **en.**

1. — Tu as parlé à ton prof d'anglais?
   — Oui, ______________
2. — Tu as acheté des cassettes?
   — Non, ______________
3. — Tu as vu Anne et Mireille?
   — Non, ______________
4. — Tu es allé(e) à la bibliothèque?
   — Oui, ______________

b. Maintenant, il/elle veut savoir quand tu vas t'occuper de ta voiture.

Exemple : — Quand est-ce que tu vas nettoyer ta voiture?
— Je vais la nettoyer samedi.

1. — Quand est-ce que tu vas aller à la station-service?
   — ______________
2. — Quand est-ce que tu vas mettre de l'huile dans le moteur?
   — ______________
3. — Quand est-ce que tu vas vérifier la pression de tes pneus?
   — ______________
4. — Quand est-ce que tu vas nettoyer le pare-brise?
   — ______________

17 Et toi?

Quelles sont tes responsabilités chez toi et quand est-ce que tu les remplis *(fulfill)*?

Exemple : Ma chambre, je la range le samedi matin.

____
____
____
____
____
____
____

Copyright © by Holt, Rinehart and Winston. All rights reserved.

Nom ______________________ Classe ______________ Date ______________

18 **Au musée** Regarde le plan de ce petit musée et décide si l'employée du bureau d'informations donne **a) de bonnes** ou **b) de mauvaises directions.** Si les directions sont mauvaises, corrige-les.

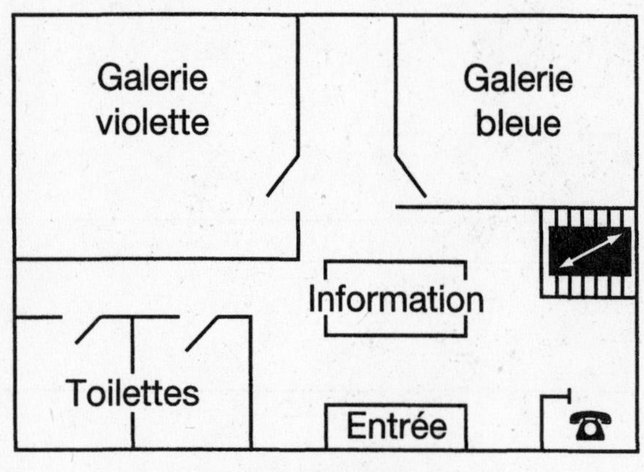

Rez-de-chaussée

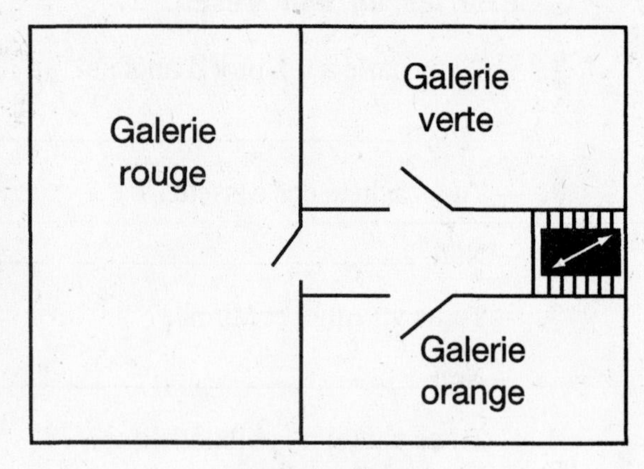

Premier étage

1. — Pardon, où se trouve la Galerie orange?
   — En bas, à droite de l'escalier.

   _____ ____

2. — Les toilettes, s'il vous plaît?
   — Elles sont juste là, à côté de l'entrée.

   _____ ____

3. — Pardon, où se trouve la Galerie rouge?
   — En haut, au fond du couloir.

   _____ ____

4. — Vous pourriez me dire où il y a un téléphone?
   — Au premier étage, à côté de la Galerie violette.

   _____ ____

5. — Pardon, mademoiselle. La Galerie verte, s'il vous plaît?
   — C'est au deuxième étage, à droite de l'escalier.

   _____ ____

CHAPITRE 2 Deuxième étape

19 **Ta maison à toi** Un(e) ami(e) vient te voir. Dis-lui où se trouvent les endroits suivants par rapport à la porte d'entrée.

1. (les toilettes) ____

   ____

2. (la cuisine) ____

   ____

3. (ta chambre) ____

   ____

Copyright © by Holt, Rinehart and Winston. All rights reserved.

LISONS!

20 ***Boule et Bill*** Boule is a little boy and the main character of this **B.D.** In this story, he and his father are on the road. Read the **B.D.** and answer the questions in English.

Boule et Bill © 1980 ROBA & S.A. Editions, Jean Dupuis

1. Why are the people at the gas station happy when they see a car?

____

____

____

____

2. Why don't they usually have customers?

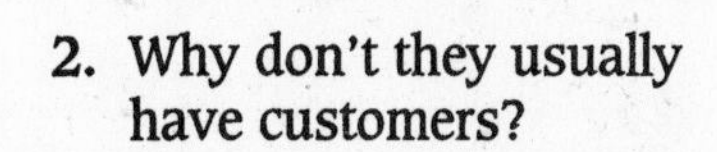

____

____

____

____

____

3. Why doesn't Boule's father want gas?

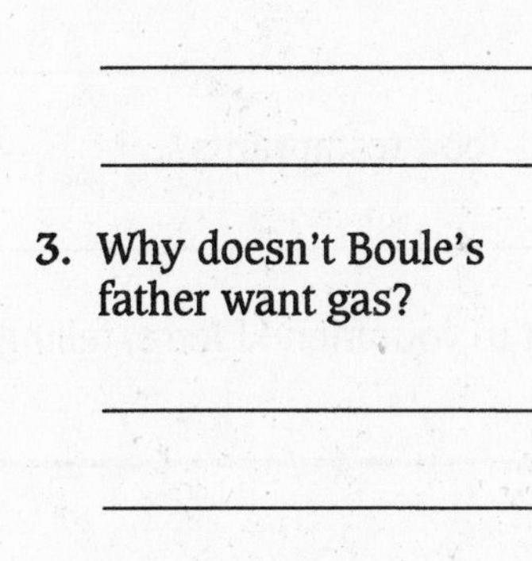

____

____

____

____

4. Why did Boule and his father stop at the gas station?

____

5. Who is Bill?

____

6. Why does the owner of the gas station lose his temper at the end of the story?

____

____

CHAPITRE 2 Lisons!

Copyright © by Holt, Rinehart and Winston. All rights reserved.

Nom ______________________ Classe ______________ Date ______________

PANORAMA CULTUREL

21 La Belgique

a. Answer the following questions.

CENTRE BELGE DE
LA BANDE DESSINEE

ouvert tous les jours (sauf
lundi) de 10 à 18 heures
20 rue des Sables - B- 1000 Bruxelles
Tél.: 02/219.19.80
Fax : 02/219.23.76

BELGISCH CENTRUM
VAN HET BEELDVERHAAL

open alle dagen behalve op maandag
van 10 tot 18 uur.
Zandstraat 20 - B.1000 Brussel
Tel.: 02/219.19.80
Fax : 02/219.23.76

Hours of operation from the brochure *Centre Belge de la Bande Dessinée*. Reprinted by permission of ***Centre Belge de la Bande Dessinée.***

1. Look at this Belgian sign for the **Centre Belge de la Bande Dessinée.** What does it tell you about Belgium?

2. Where in Belgium do they speak French?

3. What sweet foods is Belgium famous for?

4. What typical Belgian food can you eat in many American fast-food restaurants?

b. You're spending part of the summer in Belgium. Write a letter to your friend Pierre, telling him about the country and what you're doing there.

Copyright © by Holt, Rinehart and Winston. All rights reserved.

Nom ______________________ Classe ______________ Date ______________

Soyons responsables!

MISE EN TRAIN

1 La permission Complète la conversation que Céline a avec son père.

faut devoirs possible rentres voulez
droit peux dois toujours si

CELINE Dites, je ______________ aller chez Arnaud ce soir?

SON PERE Tu as fait tes ______________?

CELINE Euh… pas les maths. Mais je peux les faire après.

SON PERE Pas question! Il ______________ d'abord que tu étudies tes maths.

CELINE Mais, Papa! Je n'ai jamais le ______________ de sortir!

SON PERE Bon, d'accord. ______________ tu ne ______________ pas trop tard.

CELINE Chouette! Merci, Papa.

Copyright © by Holt, Rinehart and Winston. All rights reserved.

PREMIERE ETAPE

2 Que de responsabilités! Chaque semaine, tes parents te donnent un calendrier avec les tâches ménagères que tu dois faire pendant la semaine.

a. Complète le calendrier.

LUNDI	MARDI	MERCREDI	JEUDI	VENDREDI	SAMEDI
sortir le ________	débarrasser ________	donner à ________ au chien	________ les vitres	________ la lessive	tondre la ________
mettre la ________	________ la poussière	passer l' ________	nettoyer la ________ de bains	________ ton petit frère	________ le jardin

b. Tu demandes à ton petit frère de faire quelques tâches à ta place. Il est d'accord pour en faire cinq cette semaine. Dis-lui ce qu'il faut faire et quand.

Exemple : Lundi, il faut mettre la table.

1. ________________________________
2. ________________________________
3. ________________________________
4. ________________________________
5. ________________________________

3 Quelle journée! Dis ce que ces jeunes font chez eux.

____

____

____

____

Copyright © by Holt, Rinehart and Winston. All rights reserved.

4 A la maison Quelles sont les tâches que chacun fait chez toi et quand est-ce que vous les faites?

5 Je peux?

a. How would you ask your parent permission in French in these situations? Use a different expression in each case.

1. You want to go to the movies with your friends.
2. You don't want to water the yard right now.
3. You want to go out with a friend tonight.
4. You want to go hiking.
5. You want to go to a rock concert.

b. How would your parent respond?

1. ______
2. ______
3. ______
4. ______
5. ______

Copyright © by Holt, Rinehart and Winston. All rights reserved.

6 Pas vendredi! Tu veux organiser une boum chez toi vendredi soir, mais ta mère t'explique pourquoi tu dois choisir un autre jour. Complète ce qu'elle dit à l'aide du verbe **devoir.**

1. Ton frère et toi, vous ______________ partir très tôt samedi matin pour rendre visite à vos grands-parents.
2. Je ______________ préparer vos affaires pour le week-end.
3. Ton père et moi, nous ______________ nous coucher tôt vendredi soir.
4. Ta sœur ______________ être en forme pour son match de volley de samedi.
5. Chantal et Philippe ______________ travailler vendredi soir, et on ne peut pas faire une boum sans eux!
6. Et toi, tu ______________ faire tes devoirs pour lundi.

7 Il faut que... Complète les phrases suivantes avec des verbes appropriés au subjonctif.

1. Il faut que Michèle ______________ avant dix heures.
2. Il faut que nous ______________ nos devoirs avant de partir.
3. Il faut que tu ______________ à sa lettre.
4. Il faut que François ______________ le bus pour venir chez nous.
5. Il faut que vous ______________ la table ce soir.
6. Mes parents ne veulent pas que je ______________ vendredi soir.
7. La police veut qu'il ______________ la vérité.
8. Il faut qu'elles ______________ leurs devoirs avant de partir.

rentrer
prendre
finir
mettre
répondre
sortir
faire
dire

8 De bons conseils Linette et Bertrand vont passer des vacances en Suisse. Avant de partir, leur mère leur fait des recommandations. Combine les éléments de ses phrases pour savoir ce qu'elle leur dit.

Exemple : N'oubliez pas d'envoyer une carte postale à Luc.

Il faut que vous Vous devriez N'oubliez pas de(d')	envoyer emporter acheter arriver prendre téléphoner	à votre grand-mère à la gare à l'heure une carte postale à Luc un pull-over un souvenir à votre sœur assez d'argent

1. ____
2. ____
3. ____
4. ____
5. ____

Copyright © by Holt, Rinehart and Winston. All rights reserved.

9 La voix de la raison Qu'est-ce que tu peux dire à ces gens *(people)* pour qu'ils changent leurs mauvaises habitudes?

1. Une copine roule à 150 kilomètres à l'heure sur l'autoroute.

   Tu dois ______

2. Ton frère ne laisse pas ses amis regarder sa collection d'*Astérix*®.

   Il faut que tu ______

3. Tes copains François et Siméon ne parlent pas poliment de leurs professeurs.

   Vous devez ______

4. Ta copine Suzanne ne fait jamais attention aux autres.

   Il faut que tu ______

5. Tes frères n'aiment pas les gens qui n'ont pas les mêmes opinions qu'eux.

   Vous devez ______

6. Une camarade de classe n'est pas sincère *(honest)*.

   Tu dois ______

7. Tes copains mangent toujours des hamburgers et des frites.

   Vous devez ______

8. Ta sœur n'est jamais sûre de ce qu'elle doit faire. Elle demande toujours les opinions des autres.

   Il faut que tu ______

9. Ton cousin, Arnaud, va faire une randonnée dans la forêt.

   Il faut que tu ______

10 Pour réussir dans la vie Imagine you've reached the age of 80. You're giving your grandchild advice on how to be successful in life. Use **Il faut que tu...** and **Tu dois...**

______

______

______

______

______

______

______

______

______

Copyright © by Holt, Rinehart and Winston. All rights reserved.

Nom ______________________ Classe ______________ Date ______________

REMISE EN TRAIN

11 Mots croisés
Choisis les mots qui correspondent aux définitions et place-les dans la grille.

montagne, copains, règles, raison, randonnées, interdit, bouquets, brochure, fleurs, carte, devrais, pull, fois, parents, lunettes, temps

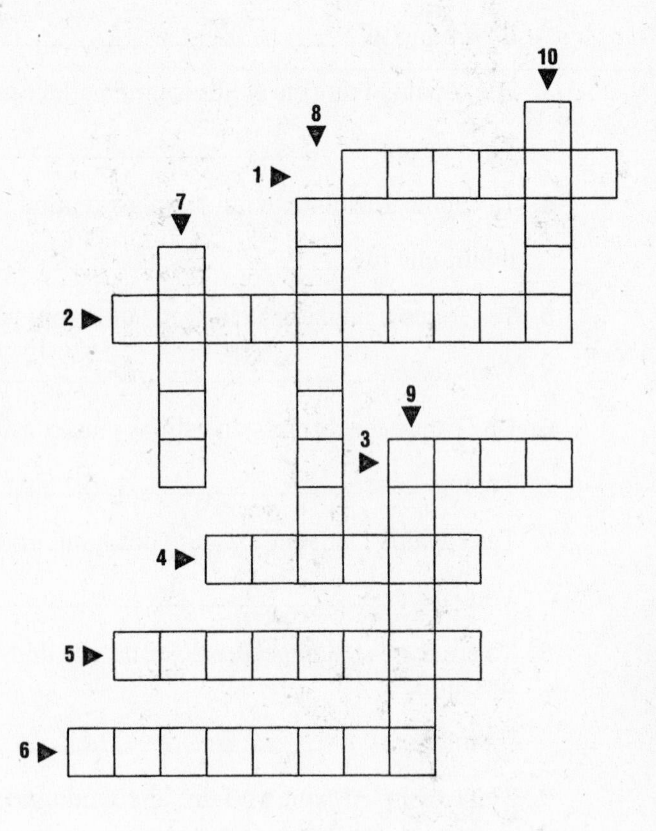

1. Ce qu'on doit respecter pour faire une bonne randonnée
2. Les longues promenades qu'on fait en montagne
3. Ce qu'on peut porter pour se protéger contre le froid
4. Ce que Gilles a cueilli
5. Où Gilles et Isabelle sont allés
6. Ce qu'on peut porter quand il fait du soleil
7. Ce qu'on doit emporter pour ne pas se perdre en montagne
8. Ce que Gilles et Isabelle ont lu avant de partir
9. Les personnes qui ont permis à Gilles de partir avec ses amis
10. Ce qu'on doit surveiller quand on est en montagne

12 Vrai ou faux?

1. ______ Isabelle a cueilli des fleurs.
2. ______ Gilles veut offrir des fleurs à Isabelle.
3. ______ La brochure parle du camping à la campagne.
4. ______ Isabelle refuse les fleurs de Gilles.
5. ______ L'équipement est important quand on fait des randonnées.
6. ______ Gilles respecte toutes les règles de la brochure.
7. ______ Isabelle a lu la brochure.
8. ______ La brochure dit qu'on ne doit pas cueillir de fleurs.

Copyright © by Holt, Rinehart and Winston. All rights reserved.

Nom ______________________ Classe ______________ Date ______________

DEUXIEME ETAPE

13 **En classe de français** Quelles interdictions sont affichées *(posted)* dans ton école?

1. Interdiction de ______________________
2. Défense de ______________________
3. Prière de ne pas ______________________
4. Veuillez ne pas ______________________

14 **Pour l'environnement** Parmi les habitudes suivantes, lesquelles sont bonnes et lesquelles sont mauvaises pour l'environnement?

fumer — partager son véhicule — gaspiller l'énergie — éteindre les lumières — utiliser un aérosol — planter des arbres — jeter des ordures dans l'eau — recycler

______________________ ______________________

______________________ ______________________

______________________ ______________________

______________________ ______________________

15 **Un sondage** Tu prépares un sondage pour le magazine ***Salut, les jeunes.*** Pose cinq questions précises aux lecteurs *(readers)* au sujet de leurs habitudes vis-à-vis de l'environnement.

Q : Est-ce que tu éteins toujours les lumières?	Oui ❑	Non ❑
Q : ______________________?	Oui ❑	Non ❑
Q : ______________________?	Oui ❑	Non ❑
Q : ______________________?	Oui ❑	Non ❑
Q : ______________________?	Oui ❑	Non ❑
Q : ______________________?	Oui ❑	Non ❑

Copyright © by Holt, Rinehart and Winston. All rights reserved.

Nom _______________ Classe _______________ Date _______________

16 Que disent-ils? Dis si ces personnes **a) font des reproches, b) se justifient** ou **c) rejettent des excuses.**

1. Je ne suis pas le seul à jeter des papiers par terre!

2. Ce n'est pas parce que tout le monde le fait que tu dois le faire.

3. Je suis quand même libre, non?

4. Ce n'est pas une raison.

5. Tu ferais mieux de prendre des transports en commun.

6. Tu as tort de conduire si vite.

7. Ce n'est pas bien de gaspiller l'énergie.

1. ______
2. ______
3. ______
4. ______
5. ______
6. ______
7. ______

17 De mauvaises habitudes Qu'est-ce que tu peux dire aux personnes suivantes?

Exemple : Ta mère fume. Maman, tu ne devrais pas fumer!

1. Ton frère utilise beaucoup trop de papier.

____

2. Ton prof d'anglais va à l'école tout seul dans une grande voiture.

____

3. Tes frères laissent toujours les lumières allumées.

____

4. Ton ami Claude jette les bouteilles dans la poubelle.

____

5. Ta cousine Renée met sa musique très fort.

____

CHAPITRE 3 Deuxième étape

Copyright © by Holt, Rinehart and Winston. All rights reserved.

18 Strictement interdit!

a. Chaque fois que tu vas quelque part avec Hélène et Sophie, elles font quelque chose de défendu. Fais-leur des reproches.

1.

2.

3.

4.

1. _______________
2. _______________
3. _______________
4. _______________

b. Maintenant, crée les panneaux d'interdiction qu'Hélène et Sophie devraient lire et respecter.

1.

2.

3.

4.

Copyright © by Holt, Rinehart and Winston. All rights reserved.

19 Débats écologistes Julien ne fait pas attention à l'environnement et, quand Nathalie le lui reproche, il trouve toujours des excuses. Nathalie, elle, rejette les excuses de Julien. Imagine leurs conversations dans les situations suivantes.

a. Julien a jeté des sacs en plastique sur la plage.

____

____

____

____

____

____

____

b. Julien utilise des déodorants en aérosol.

____

____

____

____

____

____

____

20 Un paradis écologique Décris une société écologiste parfaite. Imagine tout ce que les gens devraient faire et éviter de faire pour protéger l'environnement, pour conserver l'énergie, pour rester en bonne santé et pour vivre en harmonie avec leurs voisins.

____

____

____

____

____

____

____

____

____

____

Copyright © by Holt, Rinehart and Winston. All rights reserved.

LISONS!

21 L'énergie, vous y pensez? Read this announcement from **l'Agence française pour les économies d'énergie** addressed to motorists, and list in English the actions that are recommended and those that are discouraged.

MONTREZ VOTRE RESPECT POUR LA NATURE

diminuez la pollution de l'air
en faisant des économies d'énergie

Avec l'été, les risques de pollution augmentent ; il y a plus de voitures sur les routes et la chaleur diminue la dispersion des gaz. Alors, pourquoi ne pas prendre quelques précautions?

- D'abord, respectez les limitations de vitesse. On consomme beaucoup plus d'essence à 110 km/h qu'à 90.
- Si vous êtes arrêtés trop longtemps, coupez votre moteur.
- Evitez les routes à trop grande circulation. La concentration de milliers de véhicules favorise la pollution.
- Evitez aussi de prendre votre voiture pour de petits parcours. Pourquoi ne pas marcher ou prendre votre bicyclette pour aller acheter le pain?

Les vacances ne sont-elles pas l'occasion de se réconcilier avec la nature? Alors, profitez de vos vacances, respectez la nature...

Une annonce de l'Agence française pour les économies d'énergie

chaleur : *heat;* **parcours** : *distances*

Recommended	**Discouraged**

Copyright © by Holt, Rinehart and Winston. All rights reserved.

PANORAMA CULTUREL

22 Le romanche Read the article and answer the questions that follow in English.

Romansch was first recognized as a national language during WWII, as a defense against influence from Nazi Germany. The peoples scattered among the mountain valleys of Graubünden, Switzerland's easternmost canton, had lived isolated from one another until well into the nineteenth century. Though they spoke a common language, Romansch, the five dialects made it difficult to understand one another. In the early 1980's a group of linguists began the difficult task of standardizing the idioms and spelling rules. When they cannot find a Romansch equivalent of a term, they make one up, or take an archaic term and bring it back into use. For example, the word *rumal* was a sledge to haul tree trunks over difficult terrain; now, it means *ski lift*. The Graubünden Greens, an ecological group, have taken on the defense of Romansch as an ecological battle. They are trying to protect their region from the effects of excessive tourism. The Romansch language, some believe, is the closest living language to that of the late Roman Empire.

a. True or false?

_______________ 1. There are four dialects of Romansch.

_______________ 2. Efforts to standardize the idioms and spelling rules of Romansch began in the '80s.

_______________ 3. The term **rumal** has always meant *ski lift* in Romansch.

_______________ 4. Some people believe that Romansch is the closest living language to that of the Babylonian Empire.

b. Why do you think an ecological group might be against too much tourism?

____

____

____

23 La protection de l'environnement

1. What is a **minuterie**?

____

____

2. What are some of the major concerns young francophones seem to have about the environment?

____

____

____

Copyright © by Holt, Rinehart and Winston. All rights reserved.

Nom ______________________ Classe ____________ Date ____________

CHAPITRE 4

Des goûts et des couleurs

MISE EN TRAIN

1 De quoi parlent-ils? Axcelle et Jérôme feuillètent *(are glancing through)* un catalogue de mode. Regarde les images du catalogue et devine de quels vêtements ils parlent.

_____ — Oh! Regarde, Jérôme! Il est super, le caleçon imprimé, tu ne trouves pas?

— Bof… Il est un peu bizarre, mais enfin.

_____ — J'aimerais m'acheter un costume comme celui-là.

— Oui, il est très chic… mais il est cher aussi!

_____ — Tu veux pas un pantalon pattes d'eph comme ça?

— Tu rigoles ou quoi?

— Mais, pas du tout. Je suis sûr que ça t'irait très bien.

_____ — Je crois que je vais commander la robe à pois. Tu aimes?

— Ouais. Elle est mignonne.

— Et en plus, les pois, c'est très à la mode.

Copyright © by Holt, Rinehart and Winston. All rights reserved.

PREMIERE ETAPE

2 Les intrus Qu'est-ce qui n'appartient pas à chaque catégorie?

1. un pull
   un gilet en laine
   un pantalon
   un sac
2. des hauts talons
   des bottes
   des pendentifs
   des sandales
3. un col en V
   un sac
   un pendentif
   des gants
4. un caleçon
   un collant
   un pantalon
   un chemisier
5. une robe à pois
   une robe à rayures
   une robe écossaise
   une robe en laine
6. un pull
   un gilet
   un col roulé
   un collant

3 Des achats Tes parents t'ont donné de l'argent pour acheter de nouveaux vêtements. Fais une liste de ce que tu vas acheter.

____
____
____
____
____
____
____
____

4 Qu'est-ce qu'ils disent? Lucie et ses amis sont à une soirée et, bien sûr, ils parlent de leur look! Les uns demandent des opinions; les autres en donnent. Complète leurs conversations avec des mots appropriés.

1. LUCIE _______________ tu trouves ce gilet?
   ANNICK Je _______________ trouve super!
2. DENISE Qu'est-ce que tu _______________ de mon pattes d'eph?
   PAULINE J'aime bien ce _______________ de pantalon.
3. MARC Il te _______________, ce costume?
   SEVERINE Non, je trouve qu'il _______________ vieux.
4. LUCIE Tu as une nouvelle mini-jupe?
   CAMILLE Oui, elle te _______________?
   LUCIE Ben… je ne l'aime pas _______________.

Copyright © by Holt, Rinehart and Winston. All rights reserved.

5 Des avis différents Est-ce que ces opinions sont positives ou négatives?

a. Il est affreux, ce foulard!

b. C'est drôlement vulgaire!

c. Qu'est-ce que c'est ringard!

d. Oh, dis donc! Elle est classe, ta veste!

e. C'est vraiment génial, ça.

f. Tu as vu son costume? Il est tape-à-l'œil, non?

	Positive	Négative
a.	________	________
b.	________	________
c.	________	________
d.	________	________
e.	________	________
f.	________	________

6 Ta mode à toi Tu travailles pour le magazine **Mode jeune** qui t'a désigné(e) «créateur/créatrice de mode». Utilise des photos de magazine pour faire un collage des vêtements que tu aimes. Ensuite, commente ton style.

____

____

____

____

____

____

____

Copyright © by Holt, Rinehart and Winston. All rights reserved.

7 Le jeu des paires Trouve la réponse à chaque question.

_______ 1. Tu aimes ces hauts talons?

_______ 2. Qu'en penses-tu?

_______ 3. Quel pantalon est-ce que tu préfères?

_______ 4. Tu n'aimes pas le pull vert?

_______ 5. Laquelle est-ce que tu veux?

_______ 6. Quelles bottes est-ce que tu aimes?

_______ 7. Quels gants tu vas lui acheter?

_______ 8. Tu trouves ça tape-à-l'œil, toi?

a. Si, je l'aime bien.

b. Celle qui a un col en V.

c. Oui, j'aime ce genre de chaussures.

d. Celles en cuir noir.

e. Ceux-là.

f. Je trouve ça plutôt vulgaire.

g. Celui de la fille à gauche.

h. Non, non. Ça fait très classe!

8 Celui-ci ou celui-là? Tu vas dans un grand magasin avec un(e) ami(e) et tu lui demandes son opinion sur quelques vêtements que tu penses acheter. Complète votre conversation d'après l'exemple.

Exemple : — Tu aimes ce foulard en soie?
— Lequel?
— Celui-là.

1. — Il te plaît, ce gilet en laine?

— ______________________________?

— ______________________________.

2. — Comment tu trouves ces bottes en cuir noir?

— ______________________________?

— ______________________________.

3. — Que penses-tu de ces pulls à col en V?

— ______________________________?

— ______________________________.

4. — Tu n'aimes pas cette chemise à rayures?

— ______________________________?

— ______________________________.

5. — Qu'est-ce que tu penses de ce caleçon vert?

— ______________________________?

— ______________________________.

Copyright © by Holt, Rinehart and Winston. All rights reserved.

9 A une boum

a. Ton ami Emile et toi, vous êtes à une boum. Emile ne connaît pas les autres jeunes et il te demande de les identifier. Tu lui réponds en décrivant leurs vêtements. Imagine votre conversation.

a. Lin b. Damien c. Noémie d. Frédéric e. Marie-Pierre

____

____

____

____

____

____

____

____

____

____

____

____

____

b. Maintenant, Emile veut savoir ce que tu penses des vêtements de tes amis. Donne-lui ton opinion et une explication.

1. Tu n'aimes pas la mini-jupe de Marie-Pierre?

____

2. Comment tu trouves le pantalon de Frédéric?

____

3. Qu'est-ce que tu penses des bottes de Marie-Pierre?

____

4. Il te plaît, le gilet de Damien?

____

5. Tu n'aimes pas le caleçon de Lin?

____

Copyright © by Holt, Rinehart and Winston. All rights reserved.

REMISE EN TRAIN

10 Chacun son style! Complète le journal de Larissa.

mascara
va
paupières
dingues
rouge
cheveux
teindre
mettre
friser
coupe
tape-à-l'œil

Le 6 octobre

J'ai passé la journée avec Perrine. On va à une boum ce soir. J'ai conseillé à Perrine de ne pas ______________ de ______________ parce que ça fait trop ______________. Elle a décidé de mettre sa robe violette et du ______________ à lèvres orange. Elle a une ombre à ______________ géniale et elle me l'a prêtée. Elle est allée chez Biguine hier pour se faire couper les ______________. Il y avait des clients aux coupes ______________. Perrine voulait se faire faire sa ______________ habituelle, mais après avoir vu les autres clients, elle a décidé de se faire ______________ et ______________ en orange. J'aime bien ses cheveux comme ça et l'orange lui ______________ très bien.

11 Des coupes pour tous les goûts Devine le nom de ces trois jeunes d'après la description de leur coupe de cheveux.

Julien a les cheveux tondus.

Dorothée a les cheveux longs et raides.

François a les cheveux très courts.

Frédéric a des spikes.

Karine a les cheveux frisés.

Caroline a les cheveux courts d'un côté et longs de l'autre.

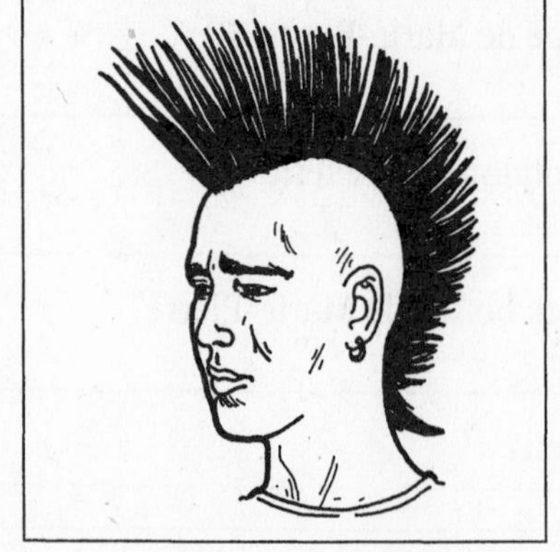

______________ ______________ ______________

Copyright © by Holt, Rinehart and Winston. All rights reserved.

DEUXIEME ETAPE

12 Qui est-ce? Regarde cette image et indique à qui correspond chaque description.

_______ Cette personne a les cheveux noirs et une barbe.

_______ Cette personne a les cheveux courts et frisés.

_______ Cette personne a les cheveux noirs, une coupe au carré et une frange.

_______ Cette personne a les cheveux courts et blancs, et une moustache.

_______ Cette personne a un chignon.

_______ Cette personne a les cheveux noirs et une queue de cheval.

13 Coiffures à gogo Dis ce que tu penses de ces styles de coiffure.

c'est tape-à-l'œil. | ça fait ringard. | ça fait classe. | c'est cloche. | c'est vulgaire. | c'est super. | ça fait vieux. | c'est délirant. | c'est affreux. | c'est nul. | c'est élégant.

Les cheveux frisés, _______________

Les cheveux en brosse, _______________

Les cheveux courts, _______________

Les cheveux longs, _______________

Les cheveux teints, _______________

La coupe au carré, _______________

Le chignon, _______________

La queue de cheval, _______________

Les nattes, _______________

Les permanentes, _______________

Copyright © by Holt, Rinehart and Winston. All rights reserved.

14 **C'est «in» ou c'est «out»?** Parmi tes copains et copines, quels styles de coiffure sont à la mode et quels styles sont démodés?

la coupe au carré · la queue de cheval · le chignon · les nattes · la frange · les cheveux frisés · les cheveux courts · les cheveux en brosse · les cheveux longs · les pattes

à la mode	démodé

15 **Coiffures à la mode** Décris ton propre style de coiffure.

Maintenant, décris le style de coiffure de ton/ta meilleur(e) ami(e) et donne ton opinion de son style.

Finalement, décris le style de coiffure d'un de tes profs. Qu'en penses-tu?

Copyright © by Holt, Rinehart and Winston. All rights reserved.

16 La semaine dernière Lundi, Madame Dupuis a écrit cette liste de choses à faire ce jour-là. Dis ce qu'elle a fait faire ou s'est fait faire.

couper les cheveux
faire une permanente
teindre en noir
vérifier la pression des pneus
nettoyer ma robe
réparer la télévision

Exemple : Elle s'est fait couper les cheveux.

1. ______________________________
2. ______________________________
3. ______________________________
4. ______________________________
5. ______________________________

17 Des compliments Fais des compliments à tes amis.

1. Jacques porte un polo vert et il a les yeux verts.
____
2. Paul hésite à acheter un costume. Il porte toujours des jeans.
____
3. Lucien porte un pantalon de la même couleur que son col roulé.
____
4. Martine est très sérieuse et elle porte un ensemble très sobre.
____
5. Sandrine porte une robe en soie. D'habitude, elle porte un pantalon.
____
6. Janine porte une nouvelle jupe bleu marine avec un chemisier blanc en soie.
____

Copyright © by Holt, Rinehart and Winston. All rights reserved.

18 Les bonnes manières Dis comment Habib peut répondre aux compliments de ses ami(e)s. Utilise une expression différente dans chaque cas.

1. Ça te va très bien, les cheveux courts.
2. Je te trouve très chic en costume.
3. Ces bottes en cuir, c'est tout à fait toi!
4. Il est super, ton pantalon!

1. _______________
2. _______________
3. _______________
4. _______________

19 Ça m'étonnerait! Les personnes suivantes n'acceptent pas facilement les compliments. Rassure-les! Utilise une expression différente dans chaque cas.

1. — J'aime bien ta nouvelle couleur de cheveux.
   — Vraiment?
   — _______________
2. — C'est tout à fait toi, cette robe à pois!
   — Tu crois?
   — _______________
3. — L'ombre à paupières te va très bien.
   — Ça te plaît vraiment?
   — _______________

20 Les copines Caroline et Bénédicte se rencontrent au restaurant. Elles parlent de leurs vêtements et se font des compliments. Imagine leur conversation.

____
____
____
____
____
____
____
____

Copyright © by Holt, Rinehart and Winston. All rights reserved.

LISONS!

21 Quelques courants de la mode **Read this article about designer fashion trends.**

Quoi de neuf chez les grands couturiers?

Cette année, la mode redevient plus sage. Finis les mini-jupes et les caleçons aux couleurs acidulées qui donnaient des allures d'adolescente. Dans leurs nouvelles collections, les couturiers réinventent une silhouette plus élégante, plus féminine et plus classique.

La laine et la soie reviennent à l'honneur chez le Français Paul Carré. Les tons sont profonds et riches, les formes sont souples et embellissent le mouvement. Il s'aide d'accessoires pour accentuer la forme recherchée : les chaussures à hauts talons allongent et amincissent les silhouettes.

Chez le couturier italien Giovanni Bolli, les imprimés aux coloris chatoyants et variés sont rois. Les pois, les rayures, les motifs écossais ou floraux apportent une note de fantaisie nécessaire à sa collection qui se veut de coupe plus sobre et plus classique, en un mot : intemporelle.

L'Anglaise Stella Smith, elle, met l'accent sur les accessoires. Qu'il s'agisse de ceintures, de sacs, de pendentifs aux facettes multiples, de boucles d'oreilles ou de chapeaux ornés de voilettes mystérieuses, les accessoires ajoutent une note d'exotisme qu'on retrouve tout au long de son défilé.

La mode de cette année réunit à la fois la fantaisie et le classique, la simplicité et la sophistication. Elle inspire la femme à reprendre sa féminité en main.

a. Answer the following questions based on the article above.

1. What is no longer in style this year?

____

____

2. What are the differences in the styles of the French and Italian designers?

____

____

____

3. What are the characteristics of the English collection?

____

____

b. Write a brief review in French of common fashion trends among teenagers today. Comment on styles, colors, popular clothes, and accessories.

____

____

____

____

Copyright © by Holt, Rinehart and Winston. All rights reserved.

Nom ______________________ Classe ______________ Date ______________

PANORAMA CULTUREL

22 Parlons mode!

a. Can you name these fashion styles in French?

______________ ______________ ______________

b. Answer the following questions in English.

1. What are **Galeries Lafayette** and **Printemps?**

____

____

2. Can everybody buy **haute couture** clothes? Why or why not?

____

____

3. Would you go to Kookaï or Nina Ricci to buy relatively inexpensive clothes?

____

____

c. Based on what you know about French clothing trends and habits, are there major differences between the French and the American attitudes towards fashion? If so, what are they?

____

____

____

____

____

____

____

____

____

Copyright © by Holt, Rinehart and Winston. All rights reserved.

Nom ____________ Classe ____________ Date ____________

C'est notre avenir

MISE EN TRAIN

1 L'avenir, c'est demain Quelles sont les conditions à remplir avant que ces jeunes Sénégalais réalisent leur rêve?

_____ 1. Lamine : J'entrerai à l'université...

_____ 2. Omar : Je pourrai devenir célèbre...

_____ 3. Ousmane : Je serai chauffeur de taxi...

_____ 4. Penda : Je chercherai du travail dans une banque...

_____ 5. Fatima : J'aiderai mes parents dans leur boutique de vêtements...

_____ 6. Safiétou : J'irai en France travailler dans une entreprise d'import-export...

a. si je ne trouve pas autre chose.

b. si je peux obtenir un permis de travail.

c. si j'obtiens mon permis de conduire.

d. si je réussis mon bac.

e. si je peux me consacrer entièrement à la musique.

f. si je reçois mon diplôme de l'école de commerce.

2 De qui s'agit-il? Dis lequel des personnages de **L'avenir, c'est demain** parle de son avenir.

__________ «Je vais peut-être travailler avec mes parents.»

__________ «Je veux aller travailler avec mon frère.»

__________ «J'aimerais bien être médecin.»

__________ «Je voudrais jouer du saxophone.»

__________ «Je pense être chauffeur, comme mon père.»

__________ «Je compte habiter avec mon oncle à Dakar.»

Copyright © by Holt, Rinehart and Winston. All rights reserved.

PREMIERE ETAPE

3 La vie de M. Sembene M. Sembene est maintenant à la retraite *(retired)*. Organise les étapes de sa vie dans l'ordre qui te paraît le plus logique.

faire son service militaire **choisir un métier** **faire un apprentissage** **quitter sa famille** **se marier** **trouver du travail** **avoir des enfants**

1. Il a quitté sa famille.
2. ______________________
3. ______________________
4. ______________________
5. ______________________
6. ______________________
7. ______________________

4 Que choisir? Lis les projets de week-end de ces jeunes Sénégalais et décide lesquels savent ce qu'ils vont faire et lesquels hésitent encore.

OUSMANE Peut-être que j'irai à Rosso.

LAMINE J'ai l'intention de faire un pique-nique.

PENDA Je tiens à sortir avec ma grand-mère.

SAFIETOU Je pense aller au cinéma avec Luc.

ADJA Il se peut que j'aille à la bibliothèque.

FATIMA Je compte aller voir mes cousins à Saint-Louis.

Sûr(e)	Pas sûr(e)

5 Une enquête Le journal du lycée fait une enquête sur ce que les lycéens comptent faire plus tard. Lis leurs réponses et devine les questions qu'on leur a posées.

Q : ______________________

AHMED Non. Je veux commencer à travailler tout de suite après le bac.

Q : ______________________

JEAN Je voudrais devenir pilote de ligne.

Q : ______________________

PAULA Il est possible que je fasse un apprentissage pour devenir mécanicienne.

Q : ______________________

TRANH Oui. Je vais faire des études de médecine.

Copyright © by Holt, Rinehart and Winston. All rights reserved.

6 Des ambitions différentes Décris comment Martin et Véronique imaginent leur avenir. Utilise les expressions proposées.

penser | avoir l'intention de | compter | tenir à | il est possible que | vouloir

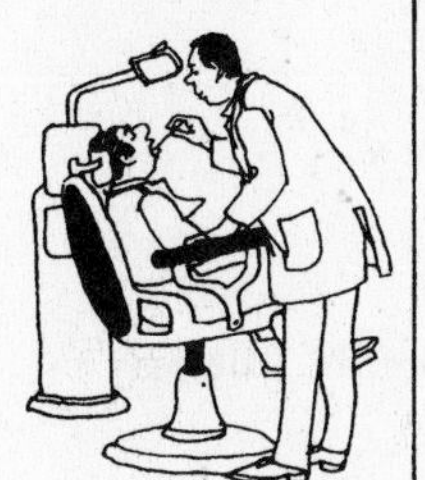

Martin

Véronique

7 Tes projets Réponds aux questions suivantes par des phrases complètes.

1. Qu'est-ce que tu vas faire après le lycée?

2. Qu'est-ce que tu penses faire dans dix ans?

3. Qu'est-ce que tu as l'intention de faire pendant les prochaines vacances scolaires?

4. Qu'est-ce que tu comptes faire comme métier?

Copyright © by Holt, Rinehart and Winston. All rights reserved.

8 **Projets d'avenir** Complète les phrases suivantes en utilisant les verbes appropriés au futur. Utilise un verbe différent dans chaque cas.

passer   quitter   se marier   faire   acheter   trouver   être   avoir   entrer

1. Après le bac, je(j') ______ à l'université.
2. Après l'école technique, Julien ______ un apprentissage.
3. Si Fatoumata réussit le bac, elle ______ sa famille.
4. Je pense que dans quelques années, je(j') ______ et peut-être que je(j') ______ des enfants.
5. A dix-huit ans, Christophe et sa sœur ______ leur permis de conduire et ils se(s') ______ une voiture.
6. Si nous arrêtons nos études, nous ne ______ pas de travail et nous ______ au chômage.

9 **Demain, les copains** Remplis le tableau ci-dessous avec les noms de trois camarades et ce qui va leur arriver dans dix ans d'après toi. Ensuite, écris à chacun de ces camarades pour lui dire comment tu vois son avenir.

Nom			
Mariage (âge)			
Enfants (nombre)			
Métier			
Lieu de travail			
Lieu d'habitation			

1. ______
2. ______
3. ______

Copyright © by Holt, Rinehart and Winston. All rights reserved.

10 **Des vacances sénégalaises** A ton arrivée au Sénégal, tu écris une carte postale à ton amie Eloïse pour lui dire ce que tu as l'intention de faire pendant ton séjour.

11 **L'an 2020** Ecris un petit article où tu imagines comment sera la vie aux Etats-Unis en 2020. Parle des conditions de travail, de la circulation automobile, de l'éducation et de l'environnement entre autres choses.

Copyright © by Holt, Rinehart and Winston. All rights reserved.

Nom ______________________ Classe ______________ Date ______________

REMISE EN TRAIN

12 Passe ton bac d'abord!

a. Est-ce qu'Omar dit ou écrit les choses suivantes **a) à ses parents, b) à Dana** ou **c) au directeur de l'école de musique?**

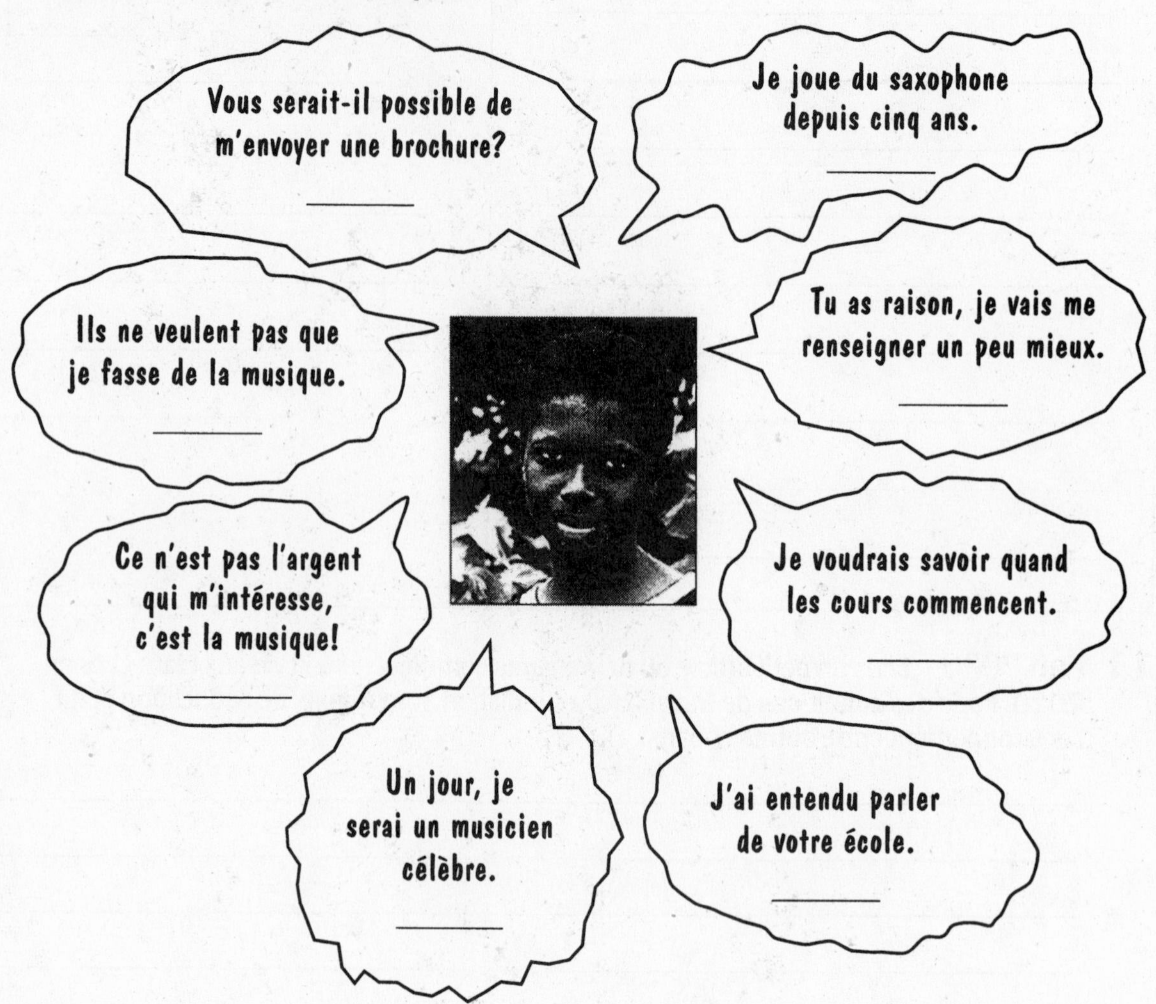

b. Dis si les remarques suivantes sont vraies **(V)** ou fausses **(F)**.

______ Le père d'Omar ne veut pas qu'il aille à l'université.

______ Omar joue de la trompette.

______ Omar écrit à Dana pour lui demander des renseignements.

______ Le métier de professeur n'est pas très bien payé.

______ Omar voudrait faire une école de musique.

______ M. Zidane est le directeur d'une école de musique.

______ Dana pense qu'il y a peut-être une solution au problème d'Omar.

______ Omar pense qu'un jour, il sera peut-être célèbre.

CHAPITRE 5 Remise en train

Copyright © by Holt, Rinehart and Winston. All rights reserved.

DEUXIEME ETAPE

13 Les intrus Encercle la lettre correspondant au métier qui n'appartient pas à chaque catégorie.

1. **a.** journaliste
   b. écrivain
   c. plombier
   d. poète

2. **a.** femme d'affaires
   b. actrice
   c. dessinatrice
   d. chanteuse

3. **a.** médecin
   b. infirmier
   c. dentiste
   d. architecte

4. **a.** mécanicien
   b. plombier
   c. technicien
   d. instituteur

14 Devine! Devine les métiers que ces jeunes choisiront d'après ce que leurs parents disent d'eux.

1. Elle a commencé à calculer quand elle avait cinq ans! Elle adore les nombres.
2. Il défend toujours son frère pour qu'il ne soit pas puni.
3. Elle aime examiner la bouche de ses copines et leur dit toujours de bien se brosser les dents.
4. Il s'intéresse beaucoup à la mode, et surtout aux costumes pour homme.
5. Quand nous avons un problème d'eau dans la salle de bains ou la cuisine, c'est lui qui s'en occupe.
6. Elle fait des châteaux de sable très sophistiqués.
7. Elle adore la chimie et a une passion pour les médicaments.
8. Il a toujours adoré écrire des histoires.

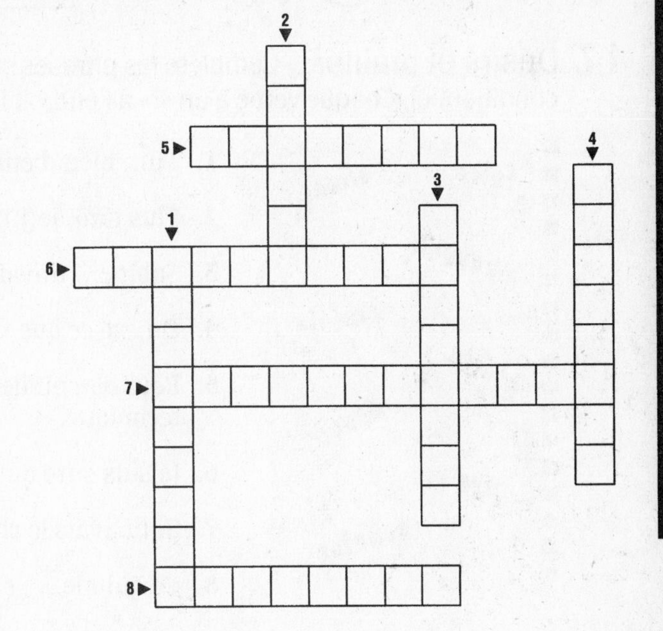

15 Le jeu des paires Trouve une réponse à chaque phrase.

_____ 1. Tu sais ce que tu voudrais faire plus tard?

_____ 2. Je voudrais vraiment savoir quand les cours commencent.

_____ 3. Tu as des projets pour les vacances?

_____ 4. Tu as trouvé un travail?

_____ 5. Tu veux faire une école technique?

_____ 6. J'aimerais commencer à travailler à seize ans.

a. Non, je suis toujours au chômage.

b. Non, j'ai l'intention d'entrer à l'université.

c. Tu n'as qu'à te renseigner.

d. Tu ferais mieux de finir tes études.

e. Oui, je pense faire du camping en Suisse.

f. J'aimerais bien être architecte.

Copyright © by Holt, Rinehart and Winston. All rights reserved.

16 De bons conseils Tu as la réputation d'être raisonnable et tes ami(e)s t'écrivent souvent des mots pour te demander conseil. Réponds-leur.

Je voudrais avoir de l'argent pour mes vacances.

____
____
____
____

Mon rêve, c'est de devenir mécanicien.

____
____
____
____

17 Désirs et réalités Complète les phrases suivantes en utilisant un des verbes proposés au conditionnel. Chaque verbe a un «r» à l'endroit indiqué.

faire, aimer, pouvoir, vouloir, plaire, devoir, être, acheter

1. Tu... bien d'étudier pour réussir ton bac.
2. Plus tard, je(j')... devenir journaliste.
3. Sabine... travailler cet été pour gagner de l'argent.
4. Où est-ce que vous... aller pendant les vacances?
5. Pour obtenir des renseignements, on... écrire à une école technique.
6. Je suis sûre qu'ils... très heureux de te voir.
7. Si tu avais le choix, quelle veste tu... , toi?
8. Ce qui me... , c'est d'aller en Floride.

1. __ __ R __ __ __
2. __ __ __ __ R __ __ __
3. __ __ __ R __ __ __
4. __ __ __ __ R __ __ __
5. __ __ __ __ R __ __ __
6. __ __ R __ __ __ __ __
7. __ __ __ __ __ __ R __ __ __
8. __ __ __ __ R __ __ __

Copyright © by Holt, Rinehart and Winston. All rights reserved.

18 Si seulement... Dis ce que tu ferais si tu étais riche. Utilise les verbes proposés et/ou d'autres verbes.

acheter vivre visiter aimer partir offrir avoir aller travailler faire aider habiter

19 Ton avenir Qu'est-ce que tu voudrais faire et être plus tard si tu pouvais choisir? Parle de ton avenir idéal : études, métier, famille, distractions, etc.

Copyright © by Holt, Rinehart and Winston. All rights reserved.

20 Une entrevue A une entrevue *(interview)* pour un job, on te demande de répondre aux questions suivantes pour mieux te connaître.

1. Quelles sont vos meilleures qualités?

______

______

2. Quels sont vos plus grands défauts *(weaknesses)?*

______

______

3. Que voudriez-vous faire plus tard?

______

______

4. Où aimeriez-vous habiter dans le futur?

______

______

5. Est-il important pour vous de gagner beaucoup d'argent? Pourquoi ou pourquoi pas?

______

______

21 L'OFAT Tu voudrais aider les gens pauvres et tu trouves cette annonce dans le journal. Ecris une lettre à l'OFAT pour te renseigner sur cette organisation. Explique aussi pourquoi tu penses être idéal(e) pour ce genre de travail et pourquoi tu voudrais le faire.

L'OFAT a besoin de vous!

Si vous êtes sensible à la misère dans le monde, vous pouvez agir avec nous dès maintenant. Nous avons besoin de plombiers pour installer des pompes à eau dans des villages africains, d'instituteurs pour ouvrir des écoles et d'infirmiers pour soigner les malades. Pour plus de renseignements, écrivez à :

L'Organisation Française d'Aide au Tiers-Monde
35, rue des Oliviers
75011 PARIS

______

______

______

______

______

______

______

______

______

Copyright © by Holt, Rinehart and Winston. All rights reserved.

LISONS!

22 Les petites annonces Read these want ads and write on the line above each one the name of the professional being sought.

____

LA CLINIQUE DESCHANEL
23, rue des Prés
92200 Anthony
recherche personnel hospitalier
pour postes fixes. Spécialité : soins
intensifs et service ambulatoire.
S'adresser à Mme Lavalette au
03.23.30.45.00

____

Etes-vous créatif? Aimeriez-vous
travailler dans la construction de
maisons et d'immeubles tout en
exprimant votre originalité? Diplôme
d'une grande école et expérience
professionnelle requis. Références.
Déposez votre C.V. à notre adresse :
COGIDEL
21, rue des Forgerons
06200 Nice

____

Le prêt-à-porter a besoin de vous!
Notre maison de couture dispose de
plusieurs postes pour d'excellents
professionnels ayant au moins 5 ans
d'expérience technique dans la
manufacture de costumes pour
homme. Pour plus de renseignements,
tél. 02.35.33.44.22

____

Société de transport Boulogne
recherche personne ayant un permis
de conduire tous véhicules depuis
trois ans au moins, connaissances
mécaniques appréciées. Distribution
alimentaire dans toute l'Europe.
Remplacement ou temps complet.
02.48.00.32.30

____

Notre garage a besoin d'une
personne sérieuse et autonome
pour effectuer tous travaux
sur voitures françaises et
étrangères. Brevet technique
et expérience exigés.
Tél. pour rendez-vous au :
04.42.44.23.30

____

Si vous aimez vous occuper
d'enfants de 5 à 8 ans, si vous avez
travaillé dans une école pendant
3 ans au moins et si vous voulez
participer à l'expérimentation de
méthodes éducatives révolution-
naires, nous avons besoin de vous!
Tél. pour rendez-vous au
05.62.64.36.30

____

CHAINE GASTRONOMIQUE
recherche personnel expérimenté,
bonne présentation, pour travailler
dans notre restaurant de Dijon. Doit
être aimable, avoir un bon rapport avec
la clientèle et posséder au moins un
an d'expérience en restauration.
Envoyer photo et C.V. à :
CHARLES DESANGE
6, Av. de la Paix
75016 Paris

Copyright © by Holt, Rinehart and Winston. All rights reserved.

PANORAMA CULTUREL

23 Le Sénégal

a. Are these statements **a) true** or **b) false?**

______ Few Senegalese attend high school.

______ Most people from Senegal work in the city.

______ Agriculture is of major importance in Senegal's economy.

______ It's unusual for young Senegalese to learn a trade at home.

______ Unemployment in Senegal is very high.

______ Dakar is a major business and trade center in West Africa.

______ There is only one university in Senegal.

______ In Senegal, most people live in big cities.

b. Can you name three things related to work and/or school that are different in Senegal than in the United States?

1. ____

____

____

2. ____

____

____

3. ____

____

____

c. Answer the following questions in English.

1. What do the words **Wolof, Serer, Diola,** and **Toucouleur** refer to?

____

2. What is a sport that people in Senegal have been participating in for several centuries?

____

3. What is at least one other example of the way Senegal is strongly attached to its traditions?

____

____

____

Copyright © by Holt, Rinehart and Winston. All rights reserved.

Nom ____________ Classe ____________ Date ____________

CHAPITRE 6

Ma famille, mes copains et moi

MISE EN TRAIN

1 Naissance d'une amitié Complète le journal de Raphaël à l'aide des mots suggérés.

conteurs
d'accord
bes-slama
médina
poteries
menthe
lycée
palais
sud
tient
marocaine
compte
promener
thé

Le 20 juillet

La première chose qu'on a faite en arrivant à Fès a été de visiter la ____________, le vieux quartier du centre-ville. Ma mère voulait voir les magasins de ____________ et de tapis, alors j'ai demandé si je pouvais me ____________ seul. J'ai rencontré un jeune Marocain, Moktar, qui ____________ le magasin de tapis de ses parents quand ils ne sont pas là. Ils étaient partis acheter des tapis dans le ____________. Moktar m'a offert du ____________ avec de la ____________ dedans. C'était délicieux! Moktar est très sympa. Il a arrêté le ____________ à seize ans parce qu'il ____________ continuer l'affaire de ses parents. Il m'a dit ce qu'il fallait voir à Fès : le Dar el Makhzen qui est le ____________ du roi du Maroc ; la place du Vieux Méchouar où l'on peut voir des danseurs, des ____________ et des musiciens. Moktar m'a invité à aller écouter de la musique ____________. Il va m'appeler à l'hôtel demain matin pour voir si mes parents sont ____________. Il m'a appris à dire «au revoir» en arabe : on dit « ____________ ».

Copyright © by Holt, Rinehart and Winston. All rights reserved.

Nom ______________________ Classe ______________ Date ______________

PREMIERE ETAPE

2 Un séjour au Maroc Tu passes tes vacances d'été dans une famille marocaine. Tes hôtes *(hosts)* te proposent des activités diverses. Accepte ou refuse poliment.

1. Ça t'intéresse d'aller te promener dans la médina?

   ____

2. Tu ne voudrais pas aller à la plage d'Oualidia?

   ____

3. Ça te plairait d'aller à Rabat demain?

   ____

4. Ça t'intéresse de manger un couscous sur la place Jemaa el Fna?

   ____

5. Ça te plairait de faire une randonnée dans la montagne?

   ____

3 Le jeu des paires Trouve les réponses aux questions suivantes.

______	1. Ça t'intéresse d'aller à un concert?	a. J'aimerais bien, mais je n'ai pas le temps.
______	2. On se revoit ce week-end?	b. Si, j'aimerais bien.
______	3. Quand est-ce qu'on se revoit?	c. Oui, ce serait sympa.
______	4. Tu ne voudrais pas sortir ce soir?	d. Disons ici dans une heure; c'est facile.
______	5. Où est-ce qu'on se retrouve?	e. Demain, si tu veux.
______	6. Comment est-ce qu'on fait pour se retrouver?	f. Devant le lycée.

4 Un rendez-vous Abdel et Saïd habitent dans deux villes différentes. Ils ne se sont pas vus depuis longtemps et ils se téléphonent pour se donner rendez-vous. D'après les réponses de Saïd, devine ce que lui demande Abdel.

Copyright © by Holt, Rinehart and Winston. All rights reserved.

5 Un rêve Tu as un(e) nouveau/nouvelle petit(e) ami(e). Décris les rapports que tu espères avoir avec lui/elle. Utilise **on** et les verbes suggérés au futur.

se téléphoner — se voir — ne pas se disputer — se faire des cadeaux — se comprendre — se dire la vérité

Exemple : J'espère qu'on se téléphonera tous les jours.

1. ______________________________
2. ______________________________
3. ______________________________
4. ______________________________
5. ______________________________

6 Une histoire d'amour Lis la lettre que Rachid t'a envoyée. Ensuite, téléphone à Habiba pour lui raconter tous les détails de la lettre de Rachid. Utilise le passé composé quand c'est nécessaire.

Tu ne devineras jamais ce qui m'est arrivé! Mardi dernier, en revenant du lycée, je vois une fille super chouette assise sur un banc. On se regarde, on se sourit. Je m'arrête pour lui dire bonjour.

2

On se parle pendant deux ou trois minutes et déjà, on échange nos numéros de téléphone! Mercredi, on se téléphone, on se donne rendez-vous et on se retrouve au café. Depuis ce jour-là, on ne se quitte plus.

3

On se voit tous les jours après le lycée. Je crois que je suis amoureux! Raconte à Habiba, elle va se marrer.

A bientôt.

Rachid

— Salut, Habiba! Tu ne devineras jamais ce qui est arrivé à Rachid. Mardi dernier,...

____
____
____
____
____
____
____
____

Copyright © by Holt, Rinehart and Winston. All rights reserved.

Nom ______ Classe ______ Date ______

7 Quand on se reverra... Ton/ta meilleur(e) ami(e) a déménagé *(moved)* récemment. Il/Elle va revenir te voir pendant les vacances. Ecris-lui une petite lettre pour mettre au point les détails de votre rencontre : où et quand vous allez vous retrouver, ce que vous pourrez faire, etc.

8 Pas de problème! You're in a really good mood today, so although some things have gone wrong, you accept all your friends's apologies. How would you respond to each of your friends?

Je m'excuse d'être arrivée si tard à notre rendez-vous.

Je suis vraiment désolée d'avoir oublié ton anniversaire.

Je suis vraiment désolé d'avoir perdu ton CD.

Je m'en veux de m'être disputé avec toi.

Pardonne-moi d'être allé au concert sans toi.

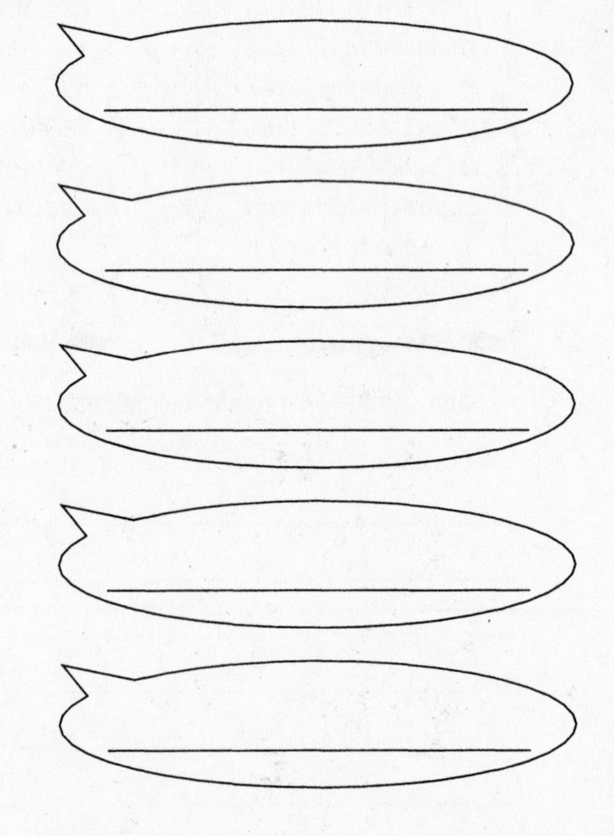

Copyright © by Holt, Rinehart and Winston. All rights reserved.

9 Mille excuses Aurélien a beaucoup d'excuses à faire ces temps-ci. Devine ce qu'il dit à son père, sa mère, son prof (Mme Martin) et à sa copine (Juliette) dans chacun des cas suivants. Utilise une expression différente dans chaque cas. Aide-toi des verbes suggérés.

casser la vitre

Copyright © by Holt, Rinehart and Winston. All rights reserved.

REMISE EN TRAIN

10 Ahlên, merhabîn Dans la scène d' **Ahlên, merhabîn**, laquelle des deux familles...

	La famille Moussa	La famille Simenot
souhaite la bienvenue?	______	______
doit retirer ses chaussures?	______	______
offre du thé à ses invités?	______	______
a une cousine qui se marie le lendemain?	______	______
a un fils qui se marie en août?	______	______
a huit enfants?	______	______
parle arabe?	______	______

11 Que disent-ils? Choisis la conversation qui correspond à chaque scène.

1. — Fais gaffe! Tu vas renverser le thé!
   — Oh, ça va, hein! C'est pas moi qui ai renversé la cafetière hier!
2. — Qu'est-ce que je vous sers? Nous avons du jus de fruit ou du thé.
   — Je prendrais bien du thé.
3. — Ça me fait plaisir de te voir.
   — Moi aussi. Ça fait si longtemps.

1. — Mmm... C'est bon, ça! Qu'est-ce que c'est?
   — Du thé à la menthe.
2. — Mmm... C'est bon, ça! Qu'est-ce que c'est?
   — C'est de la pastilla. C'est fait avec du pigeon.
3. — Qu'est-ce que c'est, ça?
   — Une coiffe très élaborée.

Copyright © by Holt, Rinehart and Winston. All rights reserved.

Nom ______________________ Classe ______________ Date ______________

DEUXIEME ETAPE

12 **Chez les Ben Assouan** Les Ben Assouan reçoivent leurs amis les Jeancolas. Imagine les conversations qu'ils ont dans chaque situation en t'aidant de certaines des expressions proposées.

1.

2.

3.

4.

1. ____

____

2. ____

____

3. ____

____

4. ____

____

CHAPITRE 6 Deuxième étape

Copyright © by Holt, Rinehart and Winston. All rights reserved.

13 Mots croisés

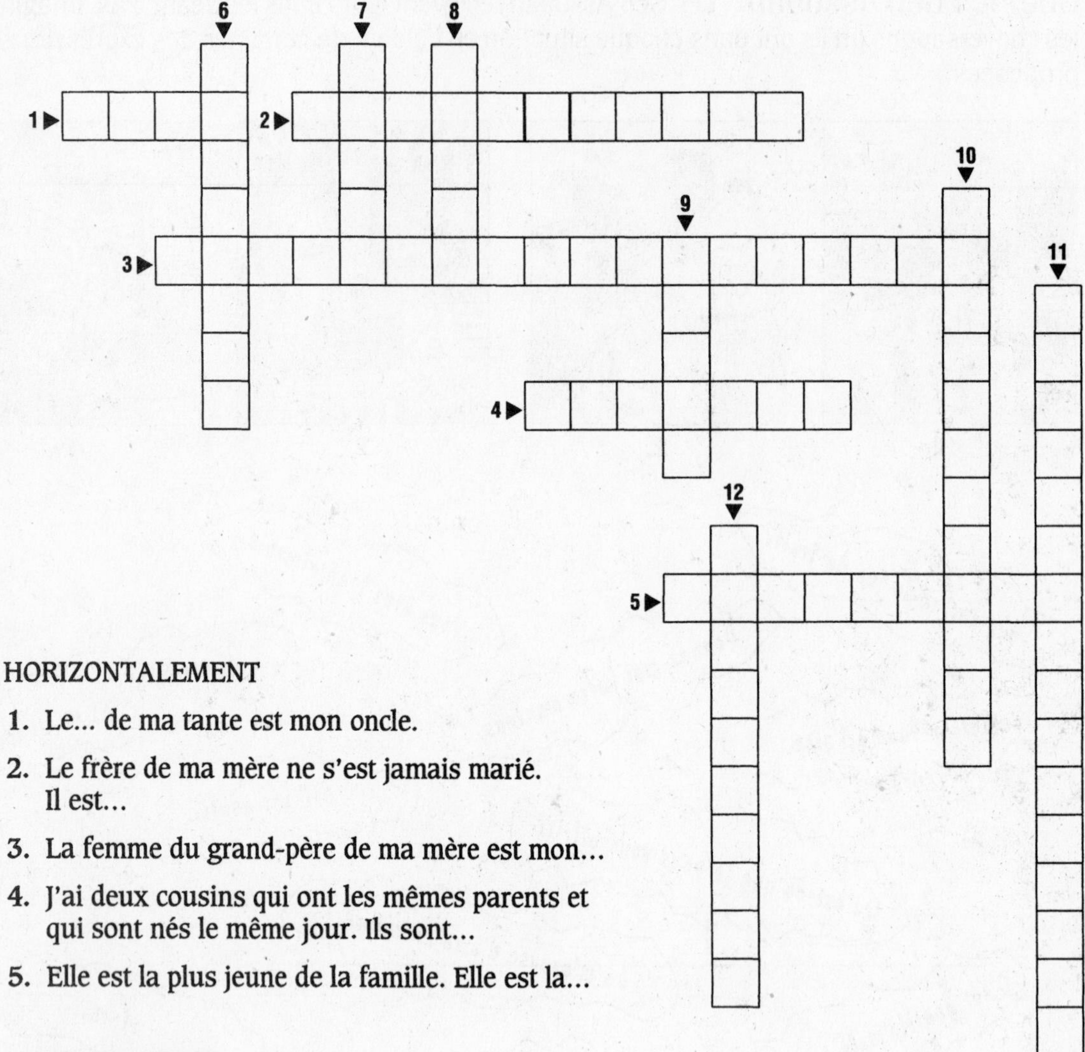

HORIZONTALEMENT

1. Le... de ma tante est mon oncle.
2. Le frère de ma mère ne s'est jamais marié. Il est...
3. La femme du grand-père de ma mère est mon...
4. J'ai deux cousins qui ont les mêmes parents et qui sont nés le même jour. Ils sont...
5. Elle est la plus jeune de la famille. Elle est la...

VERTICALEMENT

6. Mon oncle et ma tante ne sont plus mariés ensemble. Ils sont...
7. Mon grand-père est mort. Maintenant, ma grand-mère est...
8. La fille du frère de mon père est la... de mon père.
9. Le fils de ma sœur aînée est mon...
10. La fille de ma tante est la... de ma grand-mère.
11. Le grand-père de mon père est mon...
12. Paul est le... de son grand-père.

Copyright © by Holt, Rinehart and Winston. All rights reserved.

14 La famille de Dorothée Ta nouvelle correspondante française t'a envoyé cette lettre où elle te décrit sa famille.

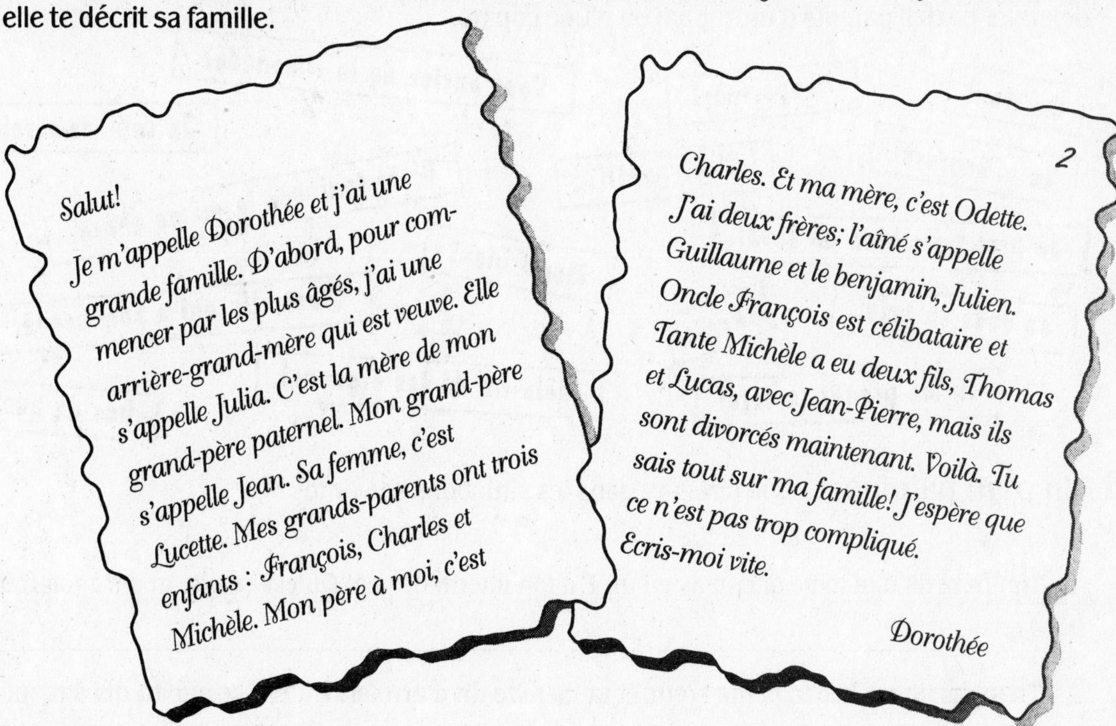

Salut!
Je m'appelle Dorothée et j'ai une grande famille. D'abord, pour commencer par les plus âgés, j'ai une arrière-grand-mère qui est veuve. Elle s'appelle Julia. C'est la mère de mon grand-père paternel. Mon grand-père s'appelle Jean. Sa femme, c'est Lucette. Mes grands-parents ont trois enfants : François, Charles et Michèle. Mon père à moi, c'est

2

Charles. Et ma mère, c'est Odette. J'ai deux frères; l'aîné s'appelle Guillaume et le benjamin, Julien. Oncle François est célibataire et Tante Michèle a eu deux fils, Thomas et Lucas, avec Jean-Pierre, mais ils sont divorcés maintenant. Voilà. Tu sais tout sur ma famille! J'espère que ce n'est pas trop compliqué.
Écris-moi vite.

Dorothée

a. Pour t'en faire une meilleure idée, complète l'arbre généalogique de la famille de Dorothée.

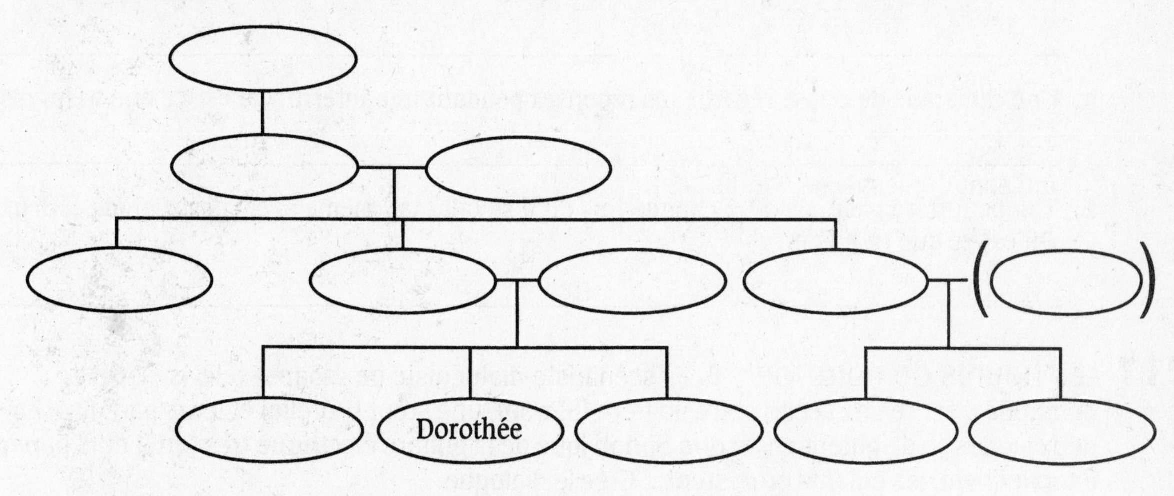

b. Réponds aux questions suivantes à propos de la famille de Dorothée.

1. Qui sont les arrière-petits-enfants de Julia?

____

2. Comment s'appellent les neveux de Michèle?

____

3. Qui est plus âgé, Guillaume ou Julien?

____

4. Qui est Lucas par rapport à Lucette?

____

Copyright © by Holt, Rinehart and Winston. All rights reserved.

15 Le savoir-vivre Raie *(cross out)* les expressions que tu n'utiliserais pas si tu étais invité(e) à déjeuner par les parents d'un copain ou d'une copine.

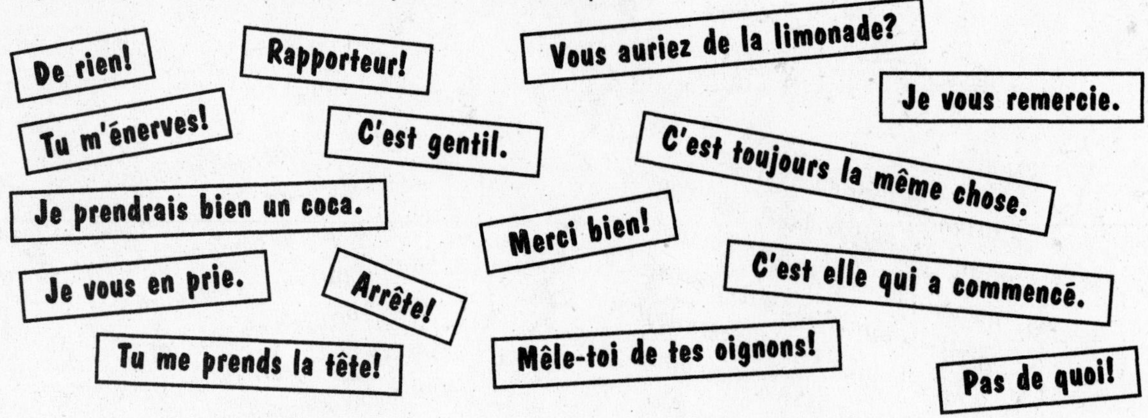

16 On perd patience Que dirais-tu dans les situations suivantes?

1. Ton frère dit à ta mère que tu as eu un F à ton interro de géo. Qu'est-ce que tu dis à ton frère?

____

2. Tu te disputes avec ta petite sœur et ta mère te dit d'arrêter. Qu'est-ce que tu dis à ta mère?

____

3. Tu es au téléphone et ta petite sœur t'embête. Qu'est-ce que tu lui dis?

____

4. Une camarade de classe regarde tes réponses pendant une interro. Qu'est-ce que tu lui dis?

____

5. Ton petit frère pleure *(cries)* chaque fois qu'il se fait mal, même si ce n'est rien de sérieux. Qu'est-ce que tu lui dis?

____

17 Les heures de notre vie Tu es scénariste-dialoguiste de «soaps» télévisés. On te demande d'écrire une scène entre un frère (Simon), une sœur (Aurélie) et leurs parents. Les deux jeunes se disputent parce que Simon joue de la guitare électrique très fort. Leurs parents interviennent, les enfants protestent… Crée le dialogue.

____

____

____

____

____

____

____

____

Copyright © by Holt, Rinehart and Winston. All rights reserved.

Nom ______________________ Classe ______________ Date ______________

LISONS!

18 Une amitié marocaine Tahar Ben Jelloun, a Moroccan poet and novelist, was the first Arab to win the **Prix Goncourt**, a prestigious French literary prize, in 1987. Here, he writes about his adolescence and one of his best friends, Lotfi.

Avec Lotfi, rien ne me prédisposait à devenir ami. Nous n'étions pas dans le même lycée ; nous n'habitions pas le même quartier et nos familles ne se connaissaient pas. Lui appartenait à une famille de Tanger. Moi je venais de Fès, et mon père ne nourrissait pas beaucoup de sympathie pour les gens de Tanger. Il les trouvait paresseux et peu sociables.

Lotfi aimait le jazz et moi le cinéma. Lui proclamait partout sa passion pour les libres penseurs, comme Voltaire ou Anatole France, tandis que je demandais pardon à Dieu de frayer avec cet individu. Lui aimait monter des gags et des canulars ; moi, je trouvais cela de mauvais goût. Lui disait tout haut ce qu'il pensait ; moi, j'enrobais mes idées dans de jolies phrases. Il était souvent désargenté ; je l'étais un peu moins que lui. Il ne prenait pas au sérieux le cinéma américain ; moi, je faisais des dissertations sur Orson Welles et j'animais le ciné-club de Tanger, au cinéma Roxy. Lui était marxiste (une tradition de frère en frère) et moi je me réfugiais dans le romantisme. Il avait — et il a toujours — de l'humour. Je n'en avais aucun. Il était audacieux ; j'étais précautionneux. Il faisait rire les filles ; je les ennuyais avec mes petits poèmes ridicules.

From *La Soudure Fraternelle* by Tahar Ben Jelloun. Copyright © by **Editions Arléa.** Reprinted by permission of the publisher.

libre penseur : *freethinker*

frayer : *associate with*

canular : *practical joke*

tout haut : *out loud*

a. Look at the following words. Can you recognize a word you already know in each one? Based on the words you recognize and the context, tell what these words mean.

désargenté : __________ **je me réfugiais :** ______________ **précautionneux :** __________

b. Write descriptions of Tahar and Lotfi in English, giving as many details as possible.

1. **Tahar:** ____

2. **Lotfi:** ____

c. With which of the two young men do you identify more? Why?

____

Copyright © by Holt, Rinehart and Winston. All rights reserved.

PANORAMA CULTUREL

19 En vacances au Maroc

a. You're spending your vacation in Morocco. Answer the following questions in English.

1. At the market, you spot a small carpet you really like. What is expected of you as a customer?

____

____

2. The Moroccan family you're visiting offers you mint tea, but you're not very thirsty. What do you do? Why?

____

____

3. Your Moroccan hosts suggest you meet at the **souk des tapis**. What will you do there?

____

4. You're invited to share a meal with a Moroccan family. They seem to have barely enough money to survive. Should you accept or refuse? Why?

____

____

b. While touring Morocco, you write a postcard to a good friend in the United States. Tell your friend what you've seen and learned about Morocco during your trip.

Copyright © by Holt, Rinehart and Winston. All rights reserved.

CHAPITRE 7

Nom ______________________ Classe ______________ Date ______________

Un safari-photo

MISE EN TRAIN

1 Un safari, ça se prépare! Trouve la conversation qui correspond à chaque image.

______

______

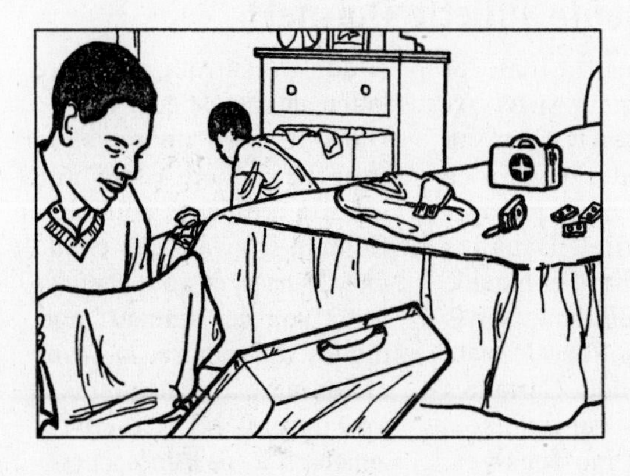

______

1. — Tu crois que j'emporte mes cassettes?
   — Non. Tu n'auras pas le temps d'écouter de la musique. Mais n'oublie pas ton appareil-photo.
   — Et je prends un pull?
   — Oui, il peut faire froid la nuit.
   — Et la crème solaire, je la prends?
   — Bien sûr. Il va faire très chaud.

2. — Oui, bonjour. Voilà. Je pars faire un safari-photo en République centrafricaine. Est-ce qu'il est nécessaire de se faire vacciner?
   — Oui, monsieur, contre la fièvre jaune. Et pour vous protéger contre le paludisme, je vous conseille de consulter un médecin.

3. — Ça serait chouette d'aller en Afrique, non?
   — Oui, ça serait super d'aller faire un safari-photo là-bas. Regarde! Il y a plein d'animaux qu'on n'a pas ici.
   — Tiens! On devrait demander à Papa si on peut y aller pour les grandes vacances.

Copyright © by Holt, Rinehart and Winston. All rights reserved.

PREMIERE ETAPE

2 Mots croisés Les huit mots horizontaux que tu dois trouver vont te donner le nom (vertical) d'un bel insecte souvent très coloré. Encercle-le.

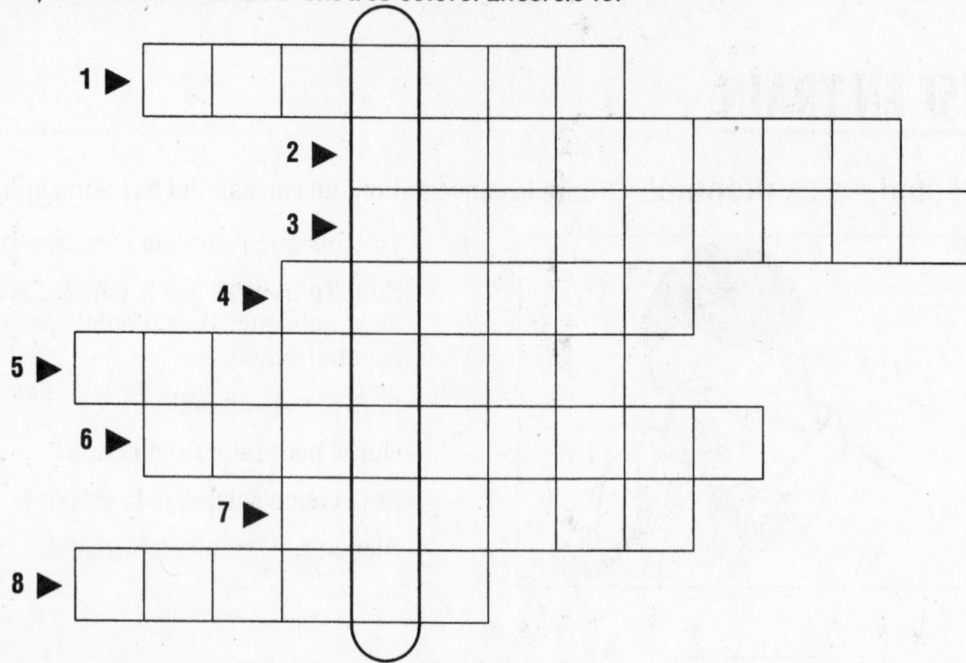

1. C'est un animal long et mince, et souvent dangereux.
2. Elle a huit pattes et fait peur a beaucoup de gens.
3. C'est très utile quand on se coupe le doigt.
4. Sa chanson est souvent très belle et il aime aller très haut.
5. Elles aident à voir des objets de très loin.
6. Tu en as besoin dans ton appareil-photo.
7. Elle est très industrieuse et toute petite.
8. C'est un endroit aride où l'on peut voir beaucoup d'animaux sauvages.

3 Un pays imaginaire Lis cet article sur le Mécondo, un pays africain imaginaire.

SI VOUS ALLEZ AU MECONDO...

de notre correspondante Juliette Doisnel

Au Mécondo, les conditions de vie ne sont pas faciles pour tout le monde. Et vous n'y trouverez pas de boutiques de mode à tous les coins de rue. Inutile d'emporter des cartes de crédit! Dans beaucoup de villages, il n'y a ni eau ni électricité et il est difficile de trouver docteurs et infirmeries. Le soleil est intense 12 mois sur 12. La population rurale est très amicale et travaille dur pour survivre. Si vous vous arrêtez dans un village, attendez-vous à ce qu'on vous invite à partager le repas familial. Dans les forêts, il fait chaud et humide et l'on peut voir toutes sortes d'insectes uniques à cette région du monde. Certaines espèces sont venimeuses, d'autres sont inoffensives. N'oubliez surtout pas votre lotion anti-moustique!
Dans le nord du pays, la superbe savane offre une infinité d'espèces animales. Comme il y fait très chaud toute l'année, ne vous attendez pas à voir des animaux nordiques. Par contre, la faune africaine est pratiquement au complet ici. Cinéastes amateurs, à vos caméscopes!

Copyright © by Holt, Rinehart and Winston. All rights reserved.

Maintenant que tu as lu l'article sur le Mécondo, fais des suppositions sur ce pays.

Je parie que... Il doit y avoir... Ça m'étonnerait que... Je sais que...
Je ne pense pas que... Je ne suis pas sûr(e) que... Je suis certain(e) que...
Ça doit être...

1. _______________ beaucoup d'animaux dangereux.
2. _______________ on puisse regarder la télé là-bas.
3. _______________ formidable de voir tous ces animaux sauvages.
4. _______________ je ne pourrais pas utiliser de chèques de voyage.
5. _______________ on puisse utiliser des cartes de crédit.
6. _______________ il y ait des loups au Mécondo.
7. _______________ les gens sont très gentils là-bas.
8. _______________ beaucoup de lions au Mécondo.

4 Devinettes

Lis ces devinettes et trouve le mot que chaque phrase décrit.

une cassette de la lotion anti-moustique un imperméable une carte de crédit
des jumelles
du désinfectant une trousse de premiers soins de la crème solaire une pellicule

1. On en met pour se protéger contre les insectes.

____

2. C'est plus pratique que de l'argent et on peut l'utiliser dans tous les pays.

____

3. Si on se coupe le doigt, il faut en mettre dessus.

____

4. S'il commence à pleuvoir, on est content de l'avoir emporté.

____

5. Avec ça, on peut rester au soleil et se faire bronzer sans danger.

____

6. On la met dans son appareil-photo.

____

Copyright © by Holt, Rinehart and Winston. All rights reserved.

5 Qu'est-ce que j'emporte? Laetitia part au Mécondo pour les vacances. Elle demande des conseils sur ce qu'elle doit emporter à un ami qui a habité au Mécondo. Complète leur conversation de façon logique. Utilise une expression différente dans chaque réponse.

— A ton avis, je prends de la crème solaire?

— Oui, ______________________ que tu en prennes. Le soleil est intense, là-bas.

— Et ______________________ emporter de la lotion anti-moustique?

— ______________________. Il y a des tas de moustiques, tu sais.

— Et ma carte de crédit, je la prends?

— Non, ______________________. Il y a très peu de choses à acheter.

Mais par contre, ______________________ tu prennes ton passeport, sinon pas de voyage!

— Oui, bien sûr! Et ______________________ que j'emporte des cassettes pour mon caméscope?

— ______________________. Ça m'étonnerait que tu en trouves, là-bas.

— Bon, très bien. Merci pour tes conseils.

6 Préparations de départ Décide de ce que tout le monde doit emporter en vacances selon le cas.

Il faut que | **Il est nécessaire que** | **Il est essentiel que** | **Il est important que** | **Il faudrait que**

Exemple : Alain va dans un endroit où il y a beaucoup de moustiques.
Il faut qu'il emporte de la lotion anti-moustique.

1. Jean-Claude et Lydia veulent observer les oiseaux en Amazonie.

____

2. Mon frère et moi, nous comptons nous promener dans la nature la nuit.

____

3. Abdoul espère voir des animaux rares et veut les montrer à ses amis à son retour de vacances.

____

4. Françoise et Adrienne veulent faire de longues randonnées dans le désert.

____

5. Moi, je vais dans la montagne, dans un endroit très isolé où il n'y a pas de docteur.

____

Copyright © by Holt, Rinehart and Winston. All rights reserved.

7 Lettre centrafricaine Complète la lettre que Marius, le correspondant centrafricain de Joseph, lui a envoyée récemment. Utilise les verbes proposés.

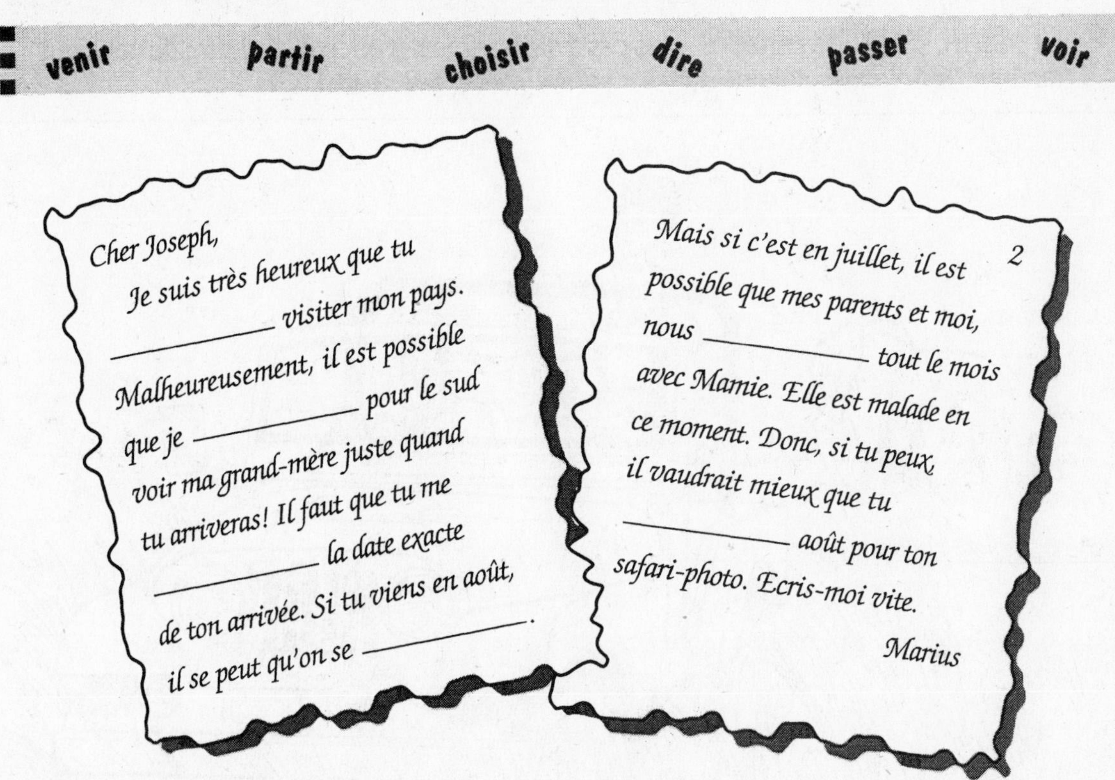

venir — partir — choisir — dire — passer — voir

Cher Joseph,
Je suis très heureux que tu ____________ visiter mon pays. Malheureusement, il est possible que je ____________ pour le sud voir ma grand-mère juste quand tu arriveras! Il faut que tu me ____________ la date exacte de ton arrivée. Si tu viens en août, il se peut qu'on se ____________.

2

Mais si c'est en juillet, il est possible que mes parents et moi, nous ____________ tout le mois avec Mamie. Elle est malade en ce moment. Donc, si tu peux, il vaudrait mieux que tu ____________ août pour ton safari-photo. Ecris-moi vite.
Marius

8 De bons conseils Tu reviens d'un safari en Afrique. Ecris à un(e) ami(e) qui va y aller pour lui dire ce qu'il faut qu'il/elle fasse avant de partir et pendant son voyage.

____

____

____

____

____

____

____

____

____

____

____

Copyright © by Holt, Rinehart and Winston. All rights reserved.

REMISE EN TRAIN

9 Le safari, c'est l'aventure! Lis ces trois résumés et encercle la lettre de celui qui raconte l'histoire des Zokoue dans **Le safari, c'est l'aventure!**

a. Les Zokoue sont arrivés en République centrafricaine. Ils partent à l'aventure pour tuer des animaux sauvages et prendre leur fourrure. Ils voient des lions, des singes et des éléphants, mais pas de rhinocéros. Lucie demande au guide d'arrêter la voiture pour prendre une photo des éléphants. Le guide doit repartir très vite parce qu'un des éléphants charge.

b. Les Zokoue sont maintenant en République centrafricaine. Un guide les accompagne dans le parc national Bamingui-Bangoran. Il leur dit que les braconniers tuent les animaux pour prendre leur ivoire, leur fourrure et leurs cornes. Lucie est choquée. Les Zokoue aperçoivent une gazelle, des singes, des lions, des éléphants et des rhinocéros. Un des rhinocéros charge pendant que Lucie prend une photo.

c. Après un bon petit déjeuner, les Zokoue partent visiter la forêt tropicale de Bamingui-Bangoran. Lucie est un peu malade pendant le voyage mais elle est quand même contente de voir des animaux. Elle prend des photos. Joseph voit un lion manger une gazelle. Le guide arrête la voiture pour montrer aux Zokoue une famille de singes, mais un rhinocéros charge et le groupe doit repartir très vite. Ils décident d'aller voir un film parce que c'est moins dangereux que les safaris!

Copyright © by Holt, Rinehart and Winston. All rights reserved.

DEUXIEME ETAPE

10 Les animaux d'Afrique Il y a neuf animaux sauvages sur cette image. Identifies-en au moins huit.

1. ______________________________
2. ______________________________
3. ______________________________
4. ______________________________
5. ______________________________
6. ______________________________
7. ______________________________
8. ______________________________
9. ______________________________

Copyright © by Holt, Rinehart and Winston. All rights reserved.

11 **Tes mots croisés** Tu écris des mots croisés pour un journal français. On t'a préparé la grille *(grid)* et maintenant, c'est à toi d'écrire les définitions en français. Tes descriptions doivent être aussi détaillées que possible.

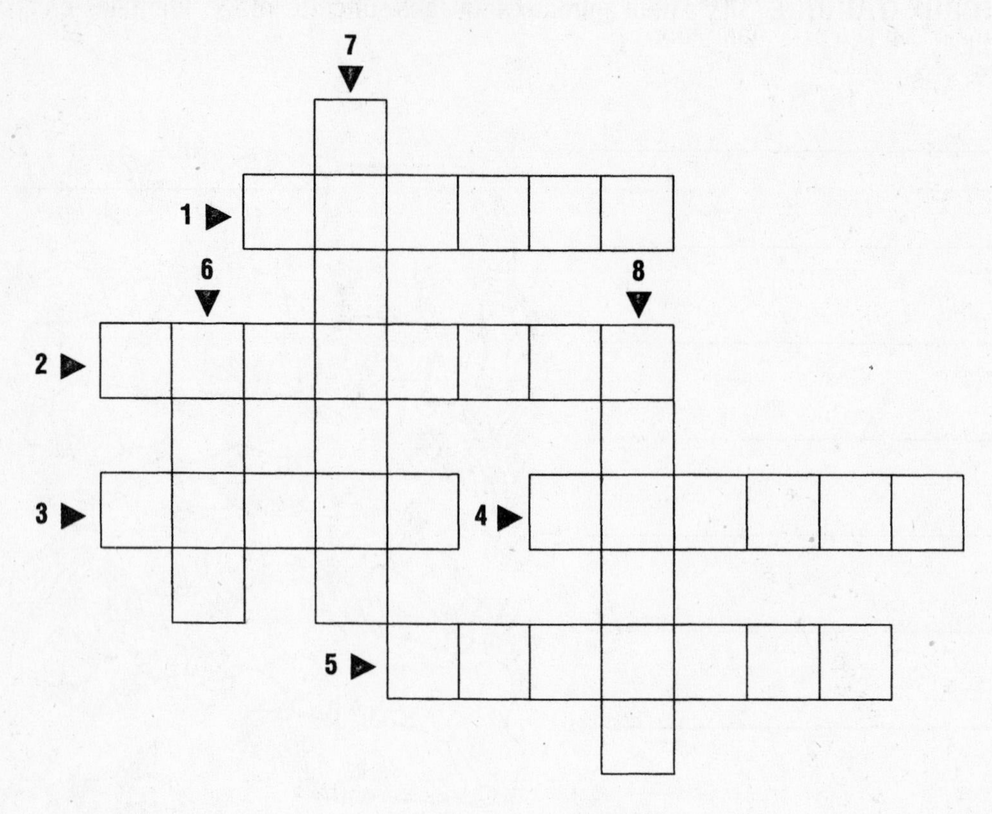

1. ____

2. ____

3. ____

4. ____

5. ____

6. ____

7. ____

8. ____

Copyright © by Holt, Rinehart and Winston. All rights reserved.

12 Ça alors!

Tu fais un safari-photo en Afrique avec un(e) ami(e) et tu vois les animaux suivants. Exprime ton étonnement.

Exemple : un éléphant de sept tonnes
Ouah! Quel éléphant énorme!

1. un guépard qui court à 90 km/h

____

2. un zèbre magnifique

____

3. une famille de singes

____

13 Que disent-ils?

Ecris des dialogues pour ces bandes dessinées.

Copyright © by Holt, Rinehart and Winston. All rights reserved.

14 Ce qu'il faut savoir Complète cette conversation entre les Zokoue et leur guide à l'aide des verbes proposés.

être pouvoir faire avoir aller prendre rester

LE GUIDE Pendant votre visite du parc, il faudra que vous _______________ prudents. Il se peut qu'un animal _______________ quelque chose d'imprévisible. Attention où vous mettez les pieds. Il est possible qu'il y _______________ des serpents là où nous irons.

M. ZOKOUE Vous entendez, les enfants? Il vaut mieux que vous _______________ dans la voiture. Sinon, j'ai peur que vous _______________ dans des endroits dangereux sans vous en rendre compte.

LE GUIDE Oui, c'est une bonne idée. Je ne crois pas qu'on _______________ sortir de la voiture très souvent aujourd'hui. Les animaux ont l'air nerveux.

LUCIE Ça veut dire qu'il faut que je _______________ mes photos de l'intérieur de la voiture?

LE GUIDE Oui, mademoiselle. Ou, en tout cas, il faut que vous _______________ attention si vous décidez de sortir.

15 Un(e) guide Tu es guide dans une réserve d'animaux et tu dois t'occuper d'un groupe de touristes français. Prépare tes instructions.

____

____

____

____

____

____

____

____

____

____

____

____

Copyright © by Holt, Rinehart and Winston. All rights reserved.

LISONS!

16 Une aventure africaine Before going on a safari, you want to make sure that you have a clear idea of what your schedule will be. Look at your itinerary and fill in the following schedule in English.

Savanes et Grands Fauves

9 jours FRANCE/FRANCE

Départ samedi – Retour dimanche.

Itinéraire

1er jour – samedi : FRANCE/NAIROBI
Départ sur vol régulier. Arrivée dans la soirée et transfert au Safari Park Hotel. Nuit.

2e jour – dimanche : MASAI MARA
Départ pour le Masai Mara. Installation et déjeuner au Mara Paradise Lodge.
Après-midi de safari pour un premier contact avec la faune africaine. Dîner et nuit au Lodge.

3e jour – lundi : MASAI MARA
Journée de safari dans la réserve la plus riche en animaux du Kenya.
La quasi totalité des espèces animalières d'Afrique de l'Est y est représentée. Déjeuner, dîner et nuit au Lodge.

4e jour – mardi : LAC NAIVASHA
Départ pour le lac Naivasha. Installation et déjeuner au Lake Naivasha Country Club. Promenade en bateau à Crescent Island : nombreuses espèces d'oiseaux. Dîner et nuit au Lake Naivasha Country Club.

5e jour – mercredi : ARUSHA
Le matin, départ pour Nairobi où le déjeuner est prévu.
Continuation pour Namanga, passage des formalités et transbordement des véhicules. Continuation pour Arusha. Installation, dîner et nuit au Mountain Village ou au Novotel Mount Meru.

6e jour – jeudi : MANYARA/NGORONGORO
Départ pour le Lac Manyara. Safari et déjeuner pique-nique.
Continuation pour le Ngorongoro. Installation, dîner et nuit au Ngorongoro Wildlife Lodge.

7e jour – vendredi : NGORONGORO/MANYARA
Journée de découverte de la faune africaine.
Descente en land rover dans l'immense cratère (700m de profondeur et 20 km de diamètre).
Déjeuner pique-nique.
Poursuite de votre safari l'après-midi : fauves, antilopes, rhinocéros, éléphants, oiseaux, etc...
Route vers Manyara.
Installation, dîner et nuit au Lake Manyara Hotel.

8e jour – samedi : NAIROBI/FRANCE
Départ pour Arusha. Déjeuner au Mountain Village. Continuation pour Namanga et route à destination de Nairobi.
Dîner au restaurant Carnivore, transfert à l'aéroport et envol pour la France.

9e jour – dimanche : FRANCE
Arrivée dans la matinée.

From a brochure by Rev' Vacances. Reprinted by permission of ***Rev' Vacances (Teker S.A.).***

DAYS	MORNING	LUNCH	AFTERNOON	NIGHT

Copyright © by Holt, Rinehart and Winston. All rights reserved.

PANORAMA CULTUREL

17 La République centrafricaine

a. Circle the numbers of the countries that share a border with the Central African Republic.

1. Senegal	5. Chad	9. Botswana
2. Cameroon	6. Nigeria	10. Congo
3. Democratic Republic of Congo	7. Egypt	11. Sudan
4. Nicaragua	8. Bali	12. Morocco

b. Are these statements about the Central African Republic **a) true** or **b) false?**

_______ The Central African Republic has a coastline on the Atlantic Ocean.

_______ **Obangi** is the name of a river and an ethnic group.

_______ The Pygmies are people who live in the Central African Republic.

_______ Many people speak Sango in the Central African Republic.

_______ Tigers roam in the Central African Republic.

_______ Sugar is the Central African Republic's major export.

_______ Banda is the national language of the Central African Republic.

c. If you were to go to the Central African Republic on a safari, what animals would you expect to see?

____

____

____

____

____

____

____

____

____

____

____

____

____

Copyright © by Holt, Rinehart and Winston. All rights reserved.

Nom ______________________ Classe ______________ Date ______________

La Tunisie, pays de contrastes

MISE EN TRAIN

1 Bisous de Nefta

a. Complète les phrases suivantes d'après ce que Zohra dit dans sa lettre.

d'archéologie à l'université de Tunis.
tout à la maison.
son prince charmant.
très traditionnels.
choisir son propre mari.
vienne la voir à Nefta.

1. Zohra voudrait faire des études ______________________
2. Elle pense que Mustafa est gentil, mais qu'il est loin d'être ______________________
3. Elle aimerait avoir le droit de ______________________
4. Elle voudrait qu'Aïcha ______________________
5. Les parents de Zohra sont ______________________
6. Sa mère fait ______________________

b. Choisis le sujet des phrases suivantes : **a) Zohra, b) La mère de Zohra, c)** Aïcha ou **d) Mustafa.**

____ ne veut pas se marier avec Mustafa.

____ fait la cuisine.

____ n'est pas un prince charmant.

____ n'a pas choisi son mari.

____ a des parents modernes.

____ habite à Tunis.

____ porte le bois sur sa tête.

____ habite à côté de chez Zohra.

____ ne peut pas aller à Tunis.

Copyright © by Holt, Rinehart and Winston. All rights reserved.

PREMIERE ETAPE

2 Les formules de politesse Comment terminerais-tu une lettre adressée aux personnes suivantes?

1. à ta grand-mère : ______________________
2. à ton ami(e) qui a un frère : ______________________
3. à ton/ta meilleur(e) ami(e) : ______________________
4. à tes parents : ______________________
5. à ta cousine : ______________________

3 A la ferme Choisis l'image qui correspond à l'activité de chacune de ces personnes.

a.

b.

c.

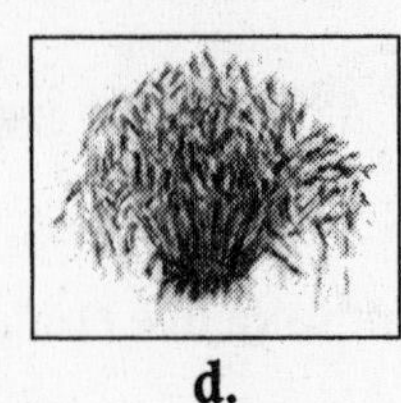
d.

e.

_______ Fatima donne à manger aux poules.

_______ Abdoul trait les vaches.

_______ Rachida fait de l'artisanat.

_______ Ali cultive le blé.

_______ Malika élève des moutons.

4 Les produits agricoles Qu'est-ce qu'on fait pour obtenir les produits suivants? Pour répondre, fais des phrases avec les éléments proposés ci-dessous.

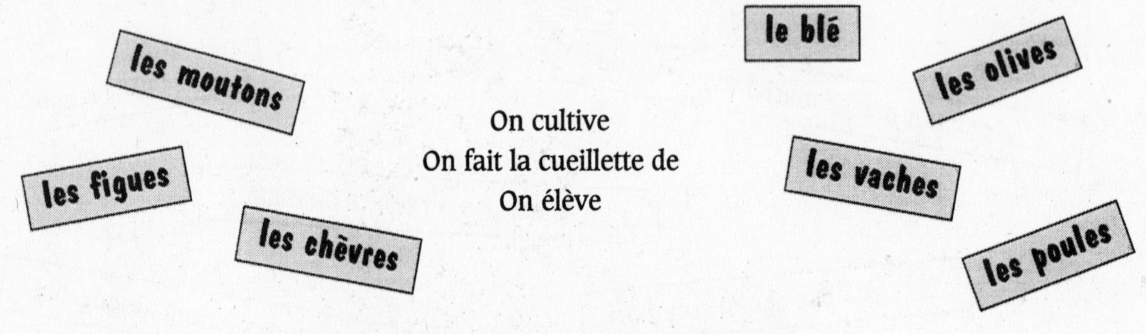

On cultive
On fait la cueillette de
On élève

Exemple : du fromage : On élève les chèvres.

1. de l'huile : ______________________
2. de la laine : ______________________
3. des œufs : ______________________
4. du lait : ______________________
5. de la farine : ______________________
6. des fruits secs : ______________________

Copyright © by Holt, Rinehart and Winston. All rights reserved.

5 L'artisanat tunisien

a. Lis le texte suivant, trouve les villes mentionnées dans le texte sur la carte de Tunisie et écris le(s) numéro(s) du type d'artisanat sous le nom de la ville.

L'artisanat constitue l'un des secteurs les plus dynamiques de l'économie tunisienne. Il est également l'une des activités professionnelles les plus anciennes et les mieux réparties à travers le pays.

Les principales branches de l'activité artisanale sont :

— L'artisanat du textile (habillement traditionnel, tissage de tapis, fabrication de la chéchia (couvre-chef). Implanté essentiellement à Tunis.

— La céramique (poterie d'argile, poterie émaillée...). Localisée notamment à Jerba et à Nabeul.

— Le cuir, à Tunis, Sfax et Kébili.

— Le cuivre : émaillé, ciselé ou gravé; spécialité de Tunis et de Kairouan.

— Le bois : meubles et instruments de musique traditionnelle, fabriqués à Aïn Draham et Kélibia.

— La bijouterie : basée en plusieurs pôles spécialisés : Tunis (orfèvrerie d'or), Nabeul et Sfax (parures d'argent), Monastir, Mahdia et Sousse (bijoux en or et en argent massif), Jerba (argent massif et filigrane).

1. tapis
2. poterie
3. cuir
4. cuivre
5. bois
6. bijoux

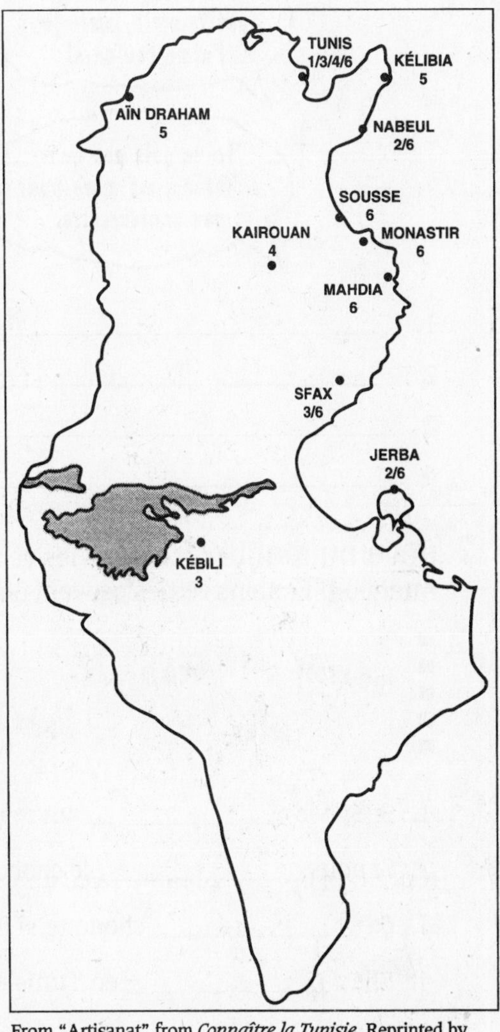

From "Artisanat" from *Connaître la Tunisie.* Reprinted by permission of ***Agence Tunisienne de Communication Extérieure.***

b. Imagine que tu vas en Tunisie et que tu voudrais rapporter des souvenirs à ta famille et tes amis. Choisis quatre villes tunisiennes et dis pourquoi tu veux y aller et ce que tu vas y acheter.

Exemple : Ma mère aime le cuivre gravé. Je vais aller à Kairouan pour lui acheter un vase.

____

____

____

____

____

____

____

Copyright © by Holt, Rinehart and Winston. All rights reserved.

6 Des conseils d'ami(e) Que dirais-tu à ces personnes si elles te demandaient conseil?

1. J'ai cassé avec ma petite amie, mais je l'aime toujours!
2. Je ne sais pas quoi acheter à ma mère pour son anniversaire.
3. J'adore faire de la voile et je ne sais pas où aller cet été.
4. Mon copain m'a prêté un CD et je l'ai perdu.

1. ________________
2. ________________
3. ________________
4. ________________

7 Rêve ou réalité? Choisis les verbes appropriés et mets-les aux temps qui conviennent. Attention! Certains verbes peuvent être utilisés deux fois.

pouvoir habiter vouloir choisir recevoir devoir aller avoir être faire

1. Si Sylvie ________ vivre n'importe où, elle ________ à Paris.
2. Si nous ________ le choix entre plusieurs universités, nous ________ Harvard.
3. Ça ________ chouette si je ________ un A en biologie.
4. Elles ________ en Tunisie si elles ________ de l'argent.
5. Si Zohra ne ________ pas faire la cueillette des dattes, elle ________ à Tunis.
6. Si seulement les parents de Zohra ________ bien l'écouter, elle ________ des études d'architecture.

8 Si seulement... Complète les phrases suivantes avec tes souhaits.

1. Ça serait chouette si... ________________
2. Qu'est-ce que j'aimerais... ________________
3. Si j'avais le choix,... ________________
4. Si seulement... ________________

Copyright © by Holt, Rinehart and Winston. All rights reserved.

9 Un sondage Le magazine ***Salut, les jeunes!*** veut connaître le «rêve américain» des nouvelles générations. Réponds à ce sondage par des phrases complètes.

Si tu pouvais créer ton avenir, quelle sorte de vie aurais-tu?

1. **Où est-ce que tu habiterais? Avec qui?**

2. **Qu'est-ce que tu ferais comme travail?**

3. **Où passerais-tu tes vacances?**

4. **Qu'est-ce que tu ferais pour t'amuser?**

10 Des projets de vacances Ecris une lettre à ta correspondante tunisienne Latifa pour lui dire ce que vous pourriez faire si elle venait te voir cet été. N'oublie pas de transmettre tes amitiés à sa famille et de lui dire au revoir.

Copyright © by Holt, Rinehart and Winston. All rights reserved.

Nom ______________________ Classe ______________ Date ______________

REMISE EN TRAIN

11 La ville ou la campagne? Te souviens-tu de la lettre de Zohra et de celle d'Aïcha? D'après ce qu'elles disent, lesquels de ces mots associes-tu **a) à Tunis** et lesquels **b) à Nefta?**

12 Vrai ou faux?

1. __________ Nefta est une ville très bruyante.
2. __________ Chakib est le voisin de Zohra.
3. __________ Aïcha s'entend bien avec ses parents.
4. __________ Aïcha invite Zohra à venir à Tunis.
5. __________ Aïcha déteste Tunis.
6. __________ Zohra a trouvé un job d'été à Tunis.
7. __________ Aïcha aime écrire des poèmes.
8. __________ Les couchers du soleil sont magnifiques à Nefta.

Copyright © by Holt, Rinehart and Winston. All rights reserved.

DEUXIEME ETAPE

13 En ville

a. Réponds aux questions suivantes d'après ce que tu vois sur l'image ci-dessous.

1. Comment peut-on se déplacer *(get around)* dans cette ville?

____

2. Quels inconvénients y a-t-il à conduire une voiture (pour le conducteur)?

____

3. Quels sont les problèmes causés par les voitures (pour l'environnement)?

____

4. Où est-ce que les gens peuvent marcher et traverser la rue?

____

5. Qu'est-ce qui empêche les gens de voir le ciel?

____

b. Fais une description aussi détaillée que possible de cette rue en utilisant des phrases complètes. Fais au moins cinq phrases.

____

____

____

____

____

____

Copyright © by Holt, Rinehart and Winston. All rights reserved.

14 Le jeu des «O» Trouve les mots qui correspondent aux définitions suivantes. Ils contiennent tous la lettre **o**.

1. Il y a beaucoup de gens. C'est une...
2. Ils n'utilisent pas de véhicules pour aller quelque part.
3. Quand on n'aime vraiment pas une situation, on peut dire : «C'est l'... !»
4. Ça n'est pas bon pour l'environnement.
5. Quand on en a ras le bol, mais on est poli, on peut dire : «C'est..., à la fin!»
6. Il y a tellement de voitures qu'on ne peut plus avancer.
7. C'est plus gros qu'une bicyclette mais moins gros qu'une motocyclette.
8. Les piétons marchent dessus.
9. Quand on en a marre, on peut dire : «J'en ai ras le... !»

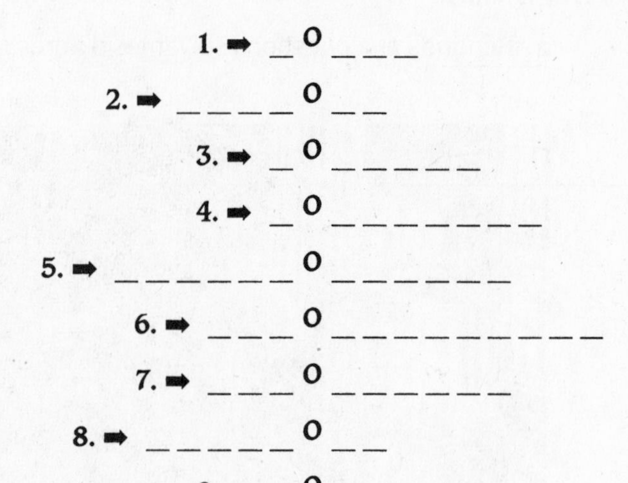

15 Une dure journée en ville Pauvre Armand! Il n'est pas habitué aux grandes villes et il doit passer la journée à Paris avec sa sœur et son frère. Il est aussi très pressé. Si tu étais lui, qu'est-ce que tu dirais dans les situations suivantes?

C'est insupportable, à la fin!
Je commence à en avoir marre!
C'est bien aimable.
Non mais, vous vous prenez pour qui?
C'est gentil à vous.
Ça va pas, non?!
Si c'était moi...
J'en ai ras le bol!
Dites donc, ça vous gênerait de... ?
Ça commence à bien faire, hein?

1. Deux piétons discutent au milieu de la rue, devant sa voiture, et il ne peut pas avancer.

   ____

2. Sa sœur veut lui emprunter 100 € pour s'acheter une nouvelle robe.

   ____

3. Il y a un embouteillage et tous les automobilistes klaxonnent en même temps.

   ____

4. Des gens mal élevés n'arrêtent pas de le pousser quand il marche sur le trottoir.

   ____

5. Son petit frère n'arrête pas de lui marcher sur les pieds.

   ____

Copyright © by Holt, Rinehart and Winston. All rights reserved.

16 On n'est pas d'accord Un jeune Français, Michel, et son amie tunisienne, Barka, comparent la vie à Tunis et à Paris. Chacun d'eux défend sa ville natale. Complète leur conversation.

plus de/d' | moins | plus | que/qu' | tandis que/qu' | meilleur(e)(s) | autant | moins de/d' | autant de/d'

MICHEL Moi, je trouve qu'il y a beaucoup __________ pollution à Tunis __________ à Paris.

BARKA Ça va pas, non?! Tunis est __________ petit __________ Paris, donc Tunis est __________ pollué, bien sûr!

MICHEL Peut-être, mais à Tunis, il n'y a rien à faire le week-end, __________ chez moi, à Paris, on peut faire des tas de choses.

BARKA D'accord, mais à Tunis, il n'y a pas __________ embouteillages!

MICHEL Mouais, mais à Paris, il y a __________ restaurants.

BARKA Peut-être, mais les restaurants sont __________ à Tunis.

MICHEL En tout cas, à Paris, il y a __________ bruit __________ à Tunis.

BARKA Alors là, ça m'étonnerait! A Paris, on ne s'entend pas!

17 A ton avis Fais des comparaisons en utilisant les listes suivantes. N'oublie pas l'accord des adjectifs.

voiture	rapide	vélomoteur
campagne	pollué	ville
Parisiens	mal élevés	New Yorkais
plages tunisiennes	beau	plages françaises
gratte-ciel	Tunis	Chicago
vie... chère	Californie	Tunisie

Exemple : Les voitures sont plus rapides que les vélomoteurs.

1. ____

2. ____

3. ____

4. ____

5. ____

CHAPITRE 8 Deuxième étape

Copyright © by Holt, Rinehart and Winston. All rights reserved.

18 *Salut, les jeunes!* Remplis ce questionnaire pour le magazine ***Salut, les jeunes!*** Justifie chacune de tes réponses en comparant les éléments de ton choix.

Préfères-tu...	REPONSES	RAISON
la plage ou la piscine?	la plage	Il y a plus de place qu'à la piscine.
la ville ou la campagne?		
le cinéma ou le théâtre?		
le bus ou la voiture?		
le train ou l'avion?		
le rock ou le folk?		
le poulet ou le poisson?		

19 Les vêtements En Tunisie, il y a des gens qui portent des vêtements traditionnels et d'autres, des vêtements modernes. D'autres encore aiment combiner les deux. Et toi, quel style de vêtements préfères-tu? Explique les raisons de ton choix en utilisant toutes les expressions comparatives que tu connais.

____

____

____

____

____

____

____

____

____

Copyright © by Holt, Rinehart and Winston. All rights reserved.

Nom ______________________ Classe ______________ Date ______________

LISONS!

20 La Tunisie

HISTOIRE ET GEOGRAPHIE DE LA TUNISIE

La Tunisie est un très vieux pays dont les frontières ont été tracées dès le huitième siècle avant Jésus-Christ. C'est à cette époque que la reine Didon fonde la ville de Carthage qui devient vite une capitale commerciale de la région méditerranéenne. Plus tard, au deuxième siècle avant J.-C., les Romains envahissent la Tunisie et font de Carthage une partie de leur province africaine. Au septième siècle après J.-C., les Arabes envahissent à leur tour le pays et fondent deux villes importantes, Kairouan et Tunis. Stratégiquement situé sur la côte nord, Tunis devient vite la nouvelle capitale de la Tunisie. Au seizième siècle, le pays devient une province de l'Empire ottoman jusqu'à l'établissement du protectorat français en 1881. En 1934, Habib Bourguiba fonde un parti politique appelé «Néo-Destour» dont le but est de réduire la domination française. La Tunisie obtient finalement son indépendance le 20 mars 1956 et devient officiellement la République tunisienne. Bourguiba en est le premier président.

La situation géographique de la Tunisie a facilité les nombreuses invasions dont elle a été l'objet à travers son histoire. Ce petit pays n'a pas moins de 1.300 km de côte méditerranéenne. Il fait face à la France au nord-ouest et à l'Italie au nord-est. La Tunisie a aussi des frontières avec deux très grands pays d'Afrique : l'Algérie à l'ouest et la Libye au sud-est. C'est un pays plutôt plat, au climat relativement pluvieux au nord et aride au sud.

a. Place these words in the appropriate category.

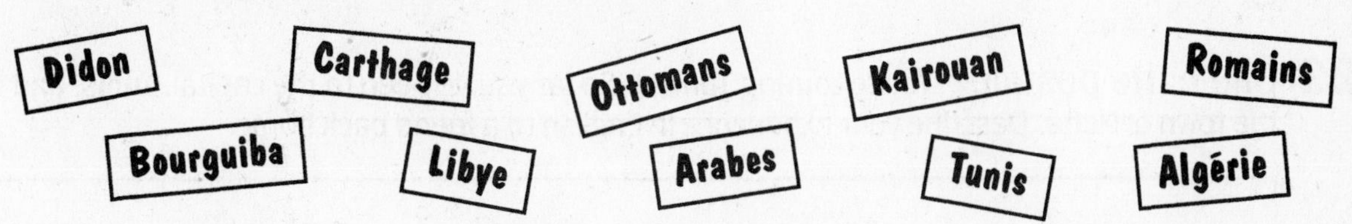

Cities	Countries	Peoples	Famous people

b. Answer the following questions in English.

1. Why has Tunisia been invaded so often throughout history?

____

____

____

2. What political party helped Tunisia become independent? What was the name of its leader? What became of him?

____

____

____

Copyright © by Holt, Rinehart and Winston. All rights reserved.

PANORAMA CULTUREL

21 Un séjour en Tunisie Answer these questions in English.

1. What are two traditional articles of clothing worn in Tunisia, and who wears them?

2. In what ways is Tunisia a blend of modern and traditional life? Give at least three examples.

22 Une carte postale You're touring Tunisia. So far you've been to the capital, Tunis, and to the town of Nefta. Describe your experience in English to a friend back home.

Copyright © by Holt, Rinehart and Winston. All rights reserved.

Nom ______________________ Classe ______________ Date ______________

C'est l'fun!

MISE EN TRAIN

1 La télé, ça se partage Complète le résumé de **La télé, ça se partage.**

Ovida **chouettes** **publicité** **parler** **épisode** **s'intéresser** **film** **Danielle** **face** **télé** **vrai** **Emilie** **tranquillement** **Fabien** **s'aiment** **hypocrite** **magnétoscope** **terrible** **partent**

Ce soir, Fabien et Danielle regardent la télévision ensemble. Danielle veut regarder un ________________ de son feuilleton préféré, «Emilie, la passion d'une vie», mais Fabien aimerait mieux regarder un ________________. Ils tirent à pile ou ________________ et c'est ________________ qui gagne. Danielle est en colère parce que Fabien n'arrête pas de (d') ________________ pendant le feuilleton. Elle lui explique quand même qu'Emilie et ________________ se disputent parce qu'ils ________________. Fabien n'est pas content parce qu'il y a de la ________________ pendant le feuilleton. Danielle, elle, pense que ça crée du suspense et que certaines pubs sont ________________. Elle se moque de Fabien parce qu'il commence à ________________ au feuilleton. Elle le traite de (d') ________________ parce qu'il refuse d'admettre que ça lui plaît.

Copyright © by Holt, Rinehart and Winston. All rights reserved.

Nom ______________________ Classe ______________ Date ______________

PREMIERE ETAPE

2 Chacun ses goûts Devine ce que les personnes suivantes aiment regarder à la télé d'après ce qu'elles disent.

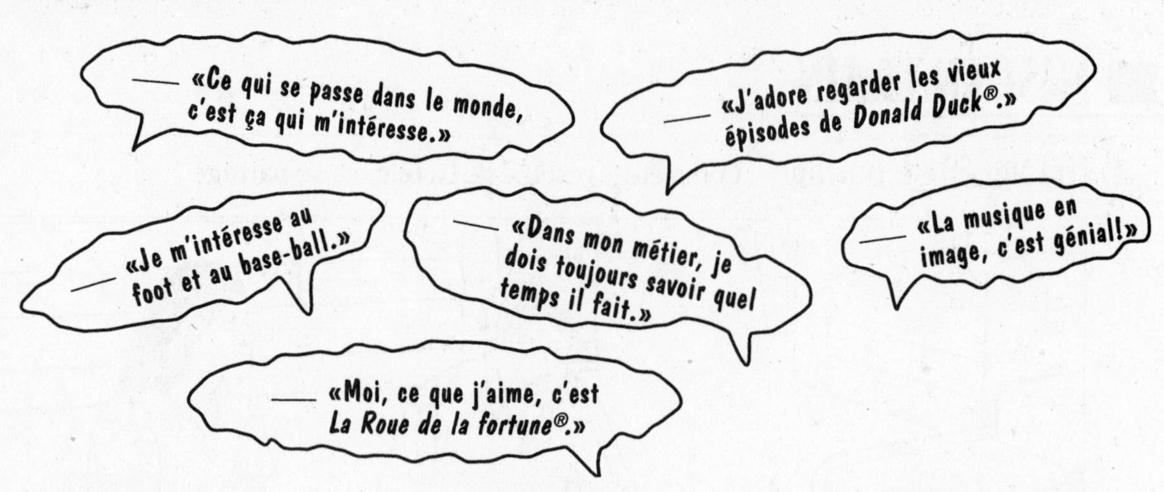

a. les dessins animés
b. la météo
c. les informations
d. les jeux télévisés
e. les reportages sportifs
f. les vidéoclips

3 Un sondage Une chaîne de télévision canadienne voudrait savoir ce que les lycéens américains préfèrent comme émissions. Remplis ce formulaire.

Les jeunes Américains et la télé

a. Combien d'heures par jour regardes-tu la télé?

___ 0 ___ entre 2 et 3 ___ plus de 4

___ entre 1 et 2 ___ entre 3 et 4

b. Classe les types d'émissions suivants par ordre de préférence, de 1 (j'adore!) à 12 (je déteste!) selon tes goûts :

___ les feuilletons ___ les dessins animés ___ les informations

___ la météo ___ les reportages sportifs ___ les documentaires

___ les vidéoclips ___ la publicité ___ les magazines télévisés

___ les jeux ___ les variétés ___ les séries

c. Réécris tes quatre types d'émissions favoris et donne le nom d'une émission spécifique de chaque type.

____

____

____

____

____

Copyright © by Holt, Rinehart and Winston. All rights reserved.

Nom ______________________ Classe ______________ Date ______________

4 Toi et le petit écran Que penses-tu de la télé? Voici ce que deux jeunes Canadiens en disent. Es-tu d'accord avec eux? Donne ton opinion en utilisant certaines des expressions suggérées et explique tes raisons.

Je suis d'accord. **Moi aussi.** **Moi non plus.** **Tout à fait!**
Pas du tout! **Elle/Il a tort.** **Elle/Il a raison.**

Je n'aime pas beaucoup regarder la télé. Il y a trop d'émissions ennuyeuses et trop de pubs. Je préfère la radio.

____
____
____
____
____
____

Moi, la télévision, j'adore. Surtout les vidéoclips et les feuilletons.

____
____
____
____
____
____

5 Le monde de la télé

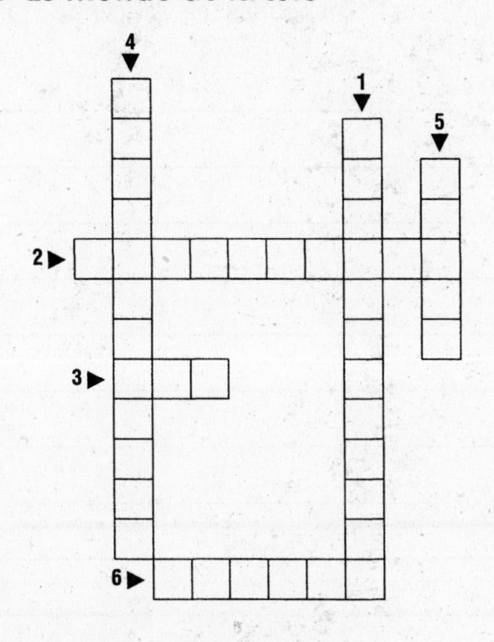

	C'est l'appareil qu'on utilise pour regarder la télé.
Quand on n'entend pas bien la télé, il faut le monter.	
	Il y en a beaucoup aux Etats-Unis et chacune a des émissions différentes.

CHAPITRE 9 Première étape

Copyright © by Holt, Rinehart and Winston. All rights reserved.

6 Le jeu des paires Trouve la bonne réponse.

____ 1. Où est la cassette vidéo?	a. Moi non plus. Elle est nulle!
____ 2. Je n'entends rien!	b. Ça m'est vraiment égal. Choisis.
____ 3. Mais où est le programme télé?	c. Eh ben, monte le son!
____ 4. Je n'aime pas cette pub. Et toi?	d. Les informations, je crois.
____ 5. Tu préfères regarder le match ou le film?	e. Dans le magnétoscope, bien sûr!
____ 6. Tu sais ce qu'il y a après le film?	f. Je ne sais pas. Je ne le vois nulle part.

7 Une enquête Tu fais une enquête *(a survey)* sur les habitudes télévisuelles des Français. Tous les gens que tu interroges te répondent négativement. Qu'est-ce qu'ils disent?

1. Est-ce que tout le monde regarde la télévision chez vous?

____

2. Est-ce que vous préférez regarder le sport ou la météo?

____

3. Quel programme télé achetez-vous, en général?

____

4. Qu'est-ce que vous faites pendant que vous regardez la télé?

____

5. Est-ce que vous regardez souvent les jeux télévisés?

____

8 Les habitudes familiales Fais quelques phrases sur les habitudes télévisuelles de ta famille. Utilise les expressions proposées quand tu peux.

documentaire
jeu télévisé
émission
personne... ne
chaîne
vidéoclip
ne... que
reportage sportif
ne... jamais
feuilleton
ne... ni... ni

____
____
____
____
____
____
____
____
____
____

Copyright © by Holt, Rinehart and Winston. All rights reserved.

9 On ne s'entend plus! Que dirais-tu dans les situations suivantes?

Baisse le son! **Tu rigoles!** **Tu l'as dit!** **Ne parle pas si fort.** **Tu as tort.**
Vous pourriez vous taire, s'il vous plaît? **Tu pourrais faire moins de bruit?** **Chut!**

1. Ta petite sœur parle pendant ton émission préférée.

   ____

2. Les gens qui sont assis derrière toi au cinéma parlent fort pendant le film.

   ____

3. Ton copain aime écouter de la musique très très fort.

   ____

4. Ton frère claque *(slams)* les portes et passe l'aspirateur quand tu veux dormir.

   ____

10 Entre copains Elodie, Stella, Thierry, Louise et Jean-Yves regardent la télé ensemble. Imagine leur conversation d'après l'image.

____

____

____

____

____

____

____

____

____

CHAPITRE 9 Première étape

Copyright © by Holt, Rinehart and Winston. All rights reserved.

Nom ______________________ Classe ______________ Date ______________

REMISE EN TRAIN

11 D'accord, pas d'accord **Regarde les posters de ces trois films. De quel film est-ce que les personnages de D'accord, pas d'accord parlent?**

a.

b.

c.

____ «C'est un film policier. C'est plein d'action et de suspense. Et puis, les acteurs sont super et on ne s'ennuie pas une seconde. L'un des personnages fait partie des services secrets. L'autre est flic. Au début, ils ne s'entendent pas du tout, mais ils sont obligés de travailler ensemble pour arrêter des terroristes.»

____ «Ça parle d'une adolescente qui est en vacances avec son père dans une île. Elle rencontre un garçon super-mignon et elle lui fait croire que son père est son petit ami. C'est vraiment marrant.»

____ «C'est l'histoire d'un garçon qui a des problèmes avec les autres jeunes de son quartier. Dans ses rêves, il rencontre son idole, un homme très fort. A la fin, il prend des leçons de karaté. Il y a beaucoup d'action et c'est très bien fait.»

Copyright © by Holt, Rinehart and Winston. All rights reserved.

Nom ______________________ Classe ____________ Date ____________

DEUXIEME ETAPE

12 Mots croisés

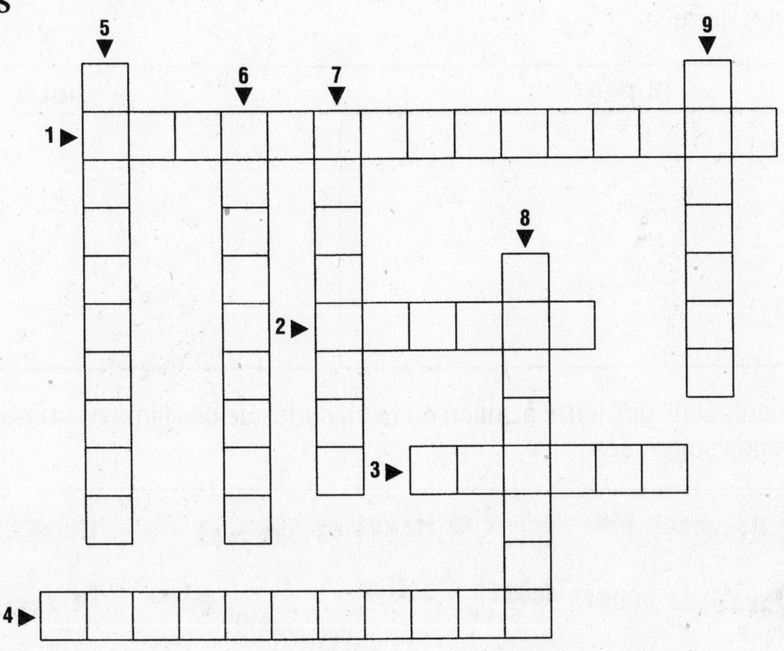

HORIZONTALEMENT

1. Les films de... parlent d'aventures qui se passent dans le futur.
2. Les... ont des sujets sérieux et souvent tristes.
3. Les films de (d')... parlent de conquêtes militaires.
4. Quand on aime les aventures du passé, on va voir des films...

VERTICALEMENT

5. Les films de James Bond sont des films de (d')...
6. Quand on s'intéresse à d'autres cultures, on va voir des films...
7. Ceux qui aiment rire vont voir des...
8. Ceux qui aiment les histoires de cow-boys vont voir des...
9. Les gens qui aiment avoir peur aiment les films de (d')...

13 Le cinéma américain

Regarde les titres de ces films américains et dis à Julien, ton correspondant canadien, de quels genres de films il s'agit.

1. Jurassic Park®
2. Home Alone®
3. Star Trek® Generations
4. The Lion King®
5. Frankenstein
6. Gone With the Wind
7. Casablanca
8. The Wizard of Oz

1. C'est un film de science-fiction.
2. ______________________
3. ______________________
4. ______________________
5. ______________________
6. ______________________
7. ______________________
8. ______________________

Copyright © by Holt, Rinehart and Winston. All rights reserved.

14 **Des recommandations** Julien veut maintenant savoir ce que tu penses des films que tu as vus récemment.

a. D'abord, fais une liste de trois ou quatre films que tu as vus et classe-les dans les deux catégories données.

SUPER!	NUL!

b. Maintenant, écris une lettre à Julien où tu lui parles de ces films en utilisant certaines des expressions suggérées.

Ça m'a beaucoup plu.
J'ai trouvé ça pas mal.
Ça m'a bien fait rire.
Il y avait de bonnes scènes d'action.
C'est génial comme film.
Tu devrais aller voir...
C'est lourd.
C'est nul.
Ça n'a aucun intérêt.
Je n'ai pas du tout aimé...
C'est un navet.
Ne va surtout pas voir...
Ça ne m'a pas emballé(e).
Je me suis ennuyé(e) à mourir.

________________________,

Copyright © by Holt, Rinehart and Winston. All rights reserved.

15 Un navet Tu as vu un très mauvais film récemment. Tu le dis à tes camarades de classe et ils te posent des questions sur ce film. Réponds-leur.

1. ____
2. ____
3. ____
4. ____
5. ____
____
6. ____
____
7. ____
____
____

16 Joignons les deux bouts Relie les bouts de phrases suivants de manière logique en utilisant **qui, que (qu')** et **dont.**

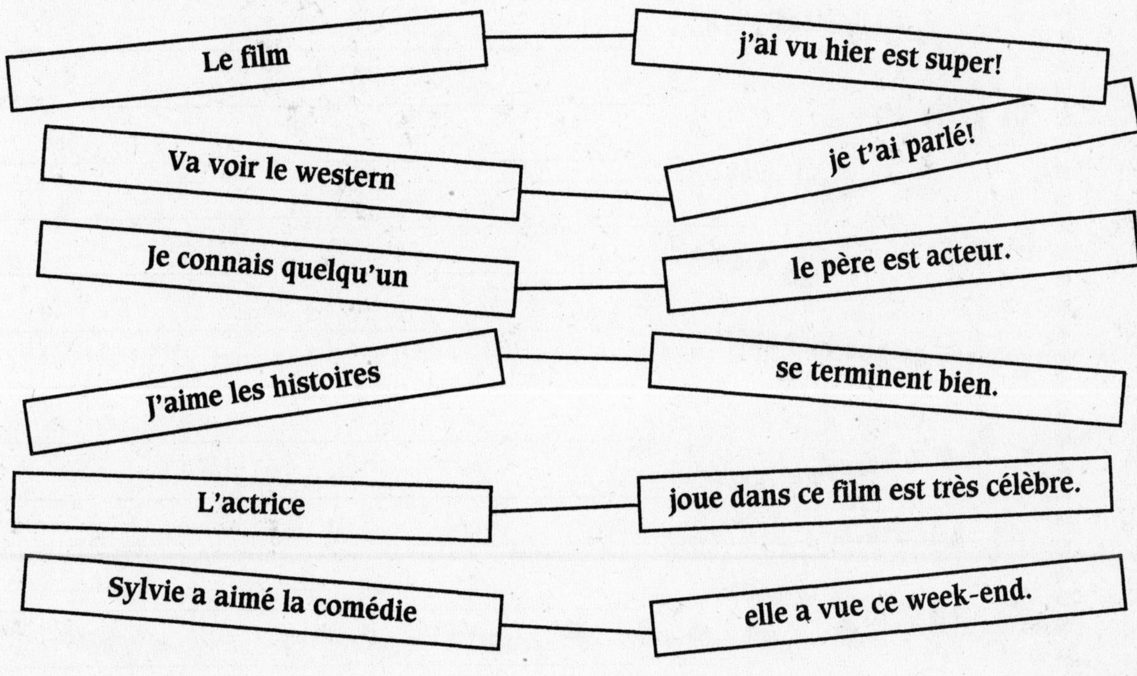

Copyright © by Holt, Rinehart and Winston. All rights reserved.

17 Le jeu des définitions Ton ami Bachir passe les vacances aux Etats-Unis. Il ne comprend pas très bien l'anglais et il te demande ce que les mots suivants signifient. Définis-les pour lui en utilisant **qui, que** et **dont.** (Aide-toi des mots suggérés si tu veux.)

jouer   instrument   changer   regarder   personnage   espion   machine   personne

Exemple : *a V.C.R.?* C'est une machine qu'on utilise pour regarder des cassettes vidéo.

1. *an actor?* ______________________________

2. *a remote control?* ______________________________

3. *a spy flick?* ______________________________

18 Une critique de film Imagine que tu es journaliste pour un magazine sur le cinéma. Ecris la critique d'un film que tu as vu récemment. Mentionne le titre, le genre du film, les acteurs principaux et résume *(summarize)* l'histoire pour tes lecteurs. Dis aussi ce que tu as pensé du film et si tu le recommandes ou non.

J'ai trouvé ça...
une comédie
Il y avait...
un film d'action
Ça parle de...
C'est avec...
Ça se passe...
un drame
C'est à ne pas manquer!
Ça m'a beaucoup plu.
A la fin,...
Ça ne vaut pas le coup!

Copyright © by Holt, Rinehart and Winston. All rights reserved.

Nom ______________________ Classe ______________ Date ______________

LISONS!

19 Les effets de la télé The Canadian magazine ***Télé-ciné*** asked its young readers about the effect TV has on people. Here are some answers.

Cher Télé-ciné,
Moi, je pense que la télé influence tout le monde de manière positive. C'est une véritable fenêtre sur le monde. Ça permet aux jeunes de connaître le monde et de découvrir des endroits où ils ne peuvent pas aller sans bouger de leur chaise. D'après moi, c'est le meilleur moyen de s'éduquer. Si on n'avait pas la télé, il faudrait l'inventer!
Bénédicte

Cher Télé-ciné,
A mon avis, il faudrait rendre la télévision illégale. D'abord, si on n'avait pas la télé, il y aurait moins de violence. Il y a beaucoup trop de violence dans les films, les documentaires, les informations et même les dessins animés. Peu à peu, le public est influencé par tout ça et la violence se normalise. Je crois aussi que personne ne lit plus à cause de la télé. On est devenu une société paresseuse qui préfère regarder passivement l'écran plutôt que d'ouvrir un livre. A bas la télévision!
Denis

Pour moi, l'effet de la télé sur la société est bon et mauvais. D'un côté, je trouve qu'il y a de très bons programmes qui permettent d'apprendre des choses nouvelles chaque jour. Les émissions scientifiques, par exemple. J'adore l'histoire et la géo et, pour moi, c'est beaucoup plus amusant de regarder un documentaire avec de bonnes images que de lire un livre sur un sujet comme ça. D'un autre côté, il y a des choses stupides comme la publicité, les émissions à sensation et surtout, les feuilletons. Si on supprimait ça, l'influence de la télé serait très positive.
Juliette

a. Which person thinks that . . .	**Bénédicte**	**Denis**	**Juliette**
1. TV has an excellent effect on people?	____	____	____
2. advertising is silly?	____	____	____
3. it's more fun to watch TV than to read books on serious subjects?	____	____	____
4. people don't read anymore because of TV?	____	____	____
5. we couldn't live without TV?	____	____	____
6. TV would be better without soap operas?	____	____	____

b. With which person do you agree most? Why?

____

____

____

____

Copyright © by Holt, Rinehart and Winston. All rights reserved.

PANORAMA CULTUREL

20 La grande ville Tell whether the following statements are true or false and correct them if they're false.

1. **Vieux-Montréal** is a city in Canada.

   ____

2. Montreal is on the Atlantic Ocean.

   ____

3. Montreal is the second largest French-speaking city in the world.

   ____

4. People speak only French in Montreal.

   ____

5. Montreal is situated in the province of Quebec.

   ____

6. Montreal is a lively city and an important business center.

   ____

7. Canada produces a lot of non-fiction films.

   ____

8. *Mon oncle Antoine* and *Le Château de sable* are Canadian TV series.

   ____

21 Le monde des médias et du spectacle Answer the following questions in English.

1. In what major languages do Canadian TV and radio networks broadcast?

   ____

2. How many national channels are there in Canada?

   ____

3. What is **Réseau de télévision?**

   ____

4. What major festival takes place in Montreal?

   ____

Copyright © by Holt, Rinehart and Winston. All rights reserved.

CHAPITRE 10

Nom ________________ Classe ____________ Date ____________

Rencontres au soleil

MISE EN TRAIN

1 La plongée, quelle aventure! Choisis la réplique appropriée à chaque situation.

a. **Tu en as, du courage!**

b. **Ah bon, pourtant... je dois sûrement confondre avec quelqu'un d'autre.**

c. **Génial. Au début, j'avais un peu peur, mais une fois dans l'eau...**

d. **Lâche-moi, tu veux? Il a l'air sympa, c'est tout.**

PASCAL Devine ce que j'ai fait.
MAXIME Je ne sais pas.
PASCAL De la plongée.
MAXIME Alors, comment tu as trouvé ça?
PASCAL _____

PASCAL Excusez-moi, mesdemoiselles, on ne s'est pas déjà rencontrés quelque part?
BRIGITTE Euh... Non. Je ne crois pas.
PASCAL _____

PASCAL J'ai vu un requin.
ANGELE Pas possible! Tu as dû avoir peur, non?
PASCAL Oh, tu sais, j'en ai vu d'autres.
ANGELE _____

BRIGITTE Non mais, tu es amoureuse ou quoi?
ANGELE _____

Copyright © by Holt, Rinehart and Winston. All rights reserved.

PREMIERE ETAPE

2 Un océan de «e» Trouve les huit mots qui composent cette pieuvre d'après les définitions correspondant à chaque tentacule. Tous les mots contiennent au moins un «e» et désignent un élément du monde marin.

1. Elle marche très lentement et vit longtemps.
2. Il aime être dans la mer et sur la plage, et il est délicieux.
3. On peut en faire des colliers.
4. C'est le poisson le plus féroce.
5. Elle a cinq pattes *(legs)* mais elle est presque toujours immobile.
6. Sa tête ressemble à celle d'un cheval.
7. Elle est petite et très bonne à manger.
8. C'est un grand poisson qui a un très long nez et qui saute très haut.

3 Le jeu des catégories Groupe les éléments du monde marin dans différentes catégories d'après les définitions données. Attention ! Certains éléments peuvent appartenir à plusieurs catégories.

le corail · les crevettes · les crabes · les requins · les algues · les coquillages · les rochers · les espadons · les homards · les étoiles de mer · les méduses

On peut en manger au restaurant :

____

On les collectionne :

____

Ils/Elles sont dangereux (-euses) :

____

On les trouve sur la plage autant que dans la mer :

____

Copyright © by Holt, Rinehart and Winston. All rights reserved.

4 Qui dit quoi? Simone pense qu'elle fait toujours tout très bien. Son amie Céline, au contraire, est très modeste. Elle admire Simone et le lui dit souvent. Laquelle des deux dit les choses suivantes? Ecris un «S» dans les bulles de Simone et un «C» dans celles de Céline.

5 Quel prétentieux! Fais des phrases avec les expressions suivantes. Ensuite, numérote *(number)* les phrases que tu as faites dans le bon ordre pour créer une conversation logique.

_____ calé/tu/c'est/vraiment/difficile/être/la plongée/ouah

____

_____ me vanter/moi/pas/mais/faire/je/tous les jours/pour/de la plongée/c'est

____

_____ m'épater/le plus courageux/être/tu/le garçon/tu/que je connaisse/alors là

____

_____ fastoche/non/ça/nager/avec un requin/hier/c'est/je/même

____

_____ en voir/d'autres/oh/je/tu/savoir

____

6 Auto-portraits Imagine ce que les animaux suivants pourraient dire pour se définir eux-mêmes. Utilise des superlatifs et aide-toi des mots suggérés.

long · courir · poisson · vite · dangereux · cou · cheval · gros · marcher · ressembler à · bras

Exemple : Le guépard : C'est moi qui cours le plus vite.

1. La tortue : _______________
2. La girafe : _______________
3. Le requin : _______________
4. L'hippocampe : _______________
5. La pieuvre : _______________

Copyright © by Holt, Rinehart and Winston. All rights reserved.

7 **A ton avis** Réponds aux questions suivantes avec des phrases complètes.

1. Qui est le/la meilleur(e) acteur/actrice de cinéma?

____

2. Quel est le groupe de rock qui chante le mieux?

____

3. Quelle est la meilleure chanson de l'année?

____

4. Parmi tes ami(e)s, qui court le plus vite?

____

5. Chez toi, qui fait le moins bien la cuisine?

____

6. Chez toi, qui se lève le plus tôt?

____

7. Dans ta classe de français, qui parle le plus?

____

8. Quel est le plus mauvais restaurant de ta ville?

____

8 **Une île merveilleuse** Tu viens de rentrer de Guadeloupe où tu as passé les meilleures vacances de ta vie. Ecris à une amie guadeloupéenne pour lui dire tout ce que tu as aimé dans son île. Utilise des superlatifs pour décrire tes impressions.

Copyright © by Holt, Rinehart and Winston. All rights reserved.

9 Faut-il croire Raphaël? Ton ami Raphaël a passé ses vacances à la Guadeloupe. A son retour, il te raconte ce qu'il a fait là-bas. Dans certains cas, tu le crois et tu lui montres ton admiration. Dans d'autres cas, tu ne le crois pas. Emploie des expressions différentes dans chaque cas.

RAPHAEL J'ai pêché six espadons en un jour!

TOI ____

RAPHAEL Toutes les filles étaient amoureuses de moi.

TOI ____

RAPHAEL J'ai appris à faire de la plongée sous-marine.

TOI ____

RAPHAEL J'ai gagné une course sur la plage. Tu vois ma médaille?

TOI ____

10 On se chamaille Stéphane et sa sœur Elodie se disputent souvent et se moquent l'un de l'autre. Imagine leurs conversations dans les situations suivantes.

1. Stéphane est amoureux d'une fille de sa classe.

____

____

____

____

____

____

____

____

2. Elodie a perdu la bande dessinée de Stéphane.

____

____

____

____

____

____

____

Copyright © by Holt, Rinehart and Winston. All rights reserved.

Nom ______________________ Classe ______________ Date ______________

REMISE EN TRAIN

11 Des nouvelles de Guadeloupe Ecris la lettre de la phrase qui correspond à chaque image d'après ce que Joëlle dit dans sa lettre.

a. *Je ne t'ai pas dit? On a gagné en relais!*

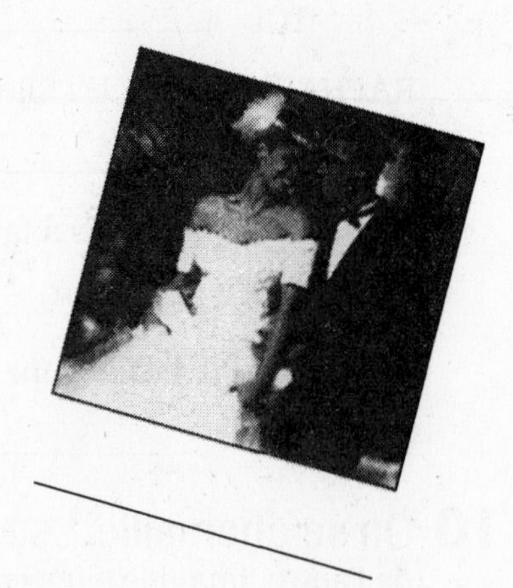

______

f. *On va à la plage tous les week-ends.*

______

c. *Michel a raté son bac. Il travaille dans la boutique de son père.*

e. *Hier, je suis allée écouter un concert de salsa.*

b. *Au fait, tu savais que Prosper s'était cassé la jambe?*

______

______

d. *Si tu savais comme tu me manques.*

g. *Figure-toi que Julie, la sœur de Raoul, s'est mariée.*

h. *Je ne t'ai pas dit? Viviane et Paul se sont fâchés.*

Copyright © by Holt, Rinehart and Winston. All rights reserved.

DEUXIEME ETAPE

12 Le bon mot Choisis le mot qui convient dans chaque situation.

déménagé	percer	bagarré	prendre	embouti	lavé
perdu	payé	enlever	mal	cassé	

1. Simon s'est ______________ la jambe en tombant d'un arbre.
2. Nicole habite à Paris maintenant. Elle a ______________ il y a trois mois.
3. Gilles a ______________ la voiture de son père qui est maintenant obligé de prendre le bus pour aller au travail.
4. Anaïs s'est fait ______________ les oreilles.
5. Eric a ______________ beaucoup de poids cet été.
6. Félix s'est ______________ avec son meilleur copain.
7. Adamou s'est fait ______________ au pied en jouant au tennis.

13 Causes et conséquences Complète la lettre de Jacqueline à son ami Romain en imaginant ce qui est arrivé à chaque personne.

Cher Romain,

Merci de ta lettre. Ici, tout va bien. Enfin, presque tout. Figure-toi que Lucien est tombé de cheval et il ______________. Quant à M. Patri, il est sorti sans son manteau quand il neigeait et, bien sûr, il ______________. Ah oui! Noémie ______________ avec Sébastien et maintenant, ils ne se parlent plus. Mais c'est pas tout! Karim ______________ avec une fille qu'il a rencontrée à une boum. Il est très amoureux. Tu savais que Caroline voulait passer son permis? Elle ______________. Quant à Koffi, il en a marre d'aller à l'école à pied. Il ______________.

Voilà. Tu sais tout! Grosses bises.

Jacqueline

Copyright © by Holt, Rinehart and Winston. All rights reserved.

Nom ______________________ Classe ______________ Date ______________

14 Qui croire? Parmi tes amis, il y en a qui exagèrent et d'autres qui disent la vérité. Choisis tes réponses à ce qu'ils disent selon que tu les crois ou pas. Utilise une réponse différente dans chaque cas.

J'ai entendu dire que Julien avait gagné une course aux Jeux olympiques!

Le prof de français s'est cassé la jambe en faisant du ski.

Chantal a embouti la voiture de sa mère.

Tu savais qu'il n'y aurait pas d'école demain?

Je ne t'ai pas dit? Mes parents vont m'acheter un avion pour mon anniversaire.

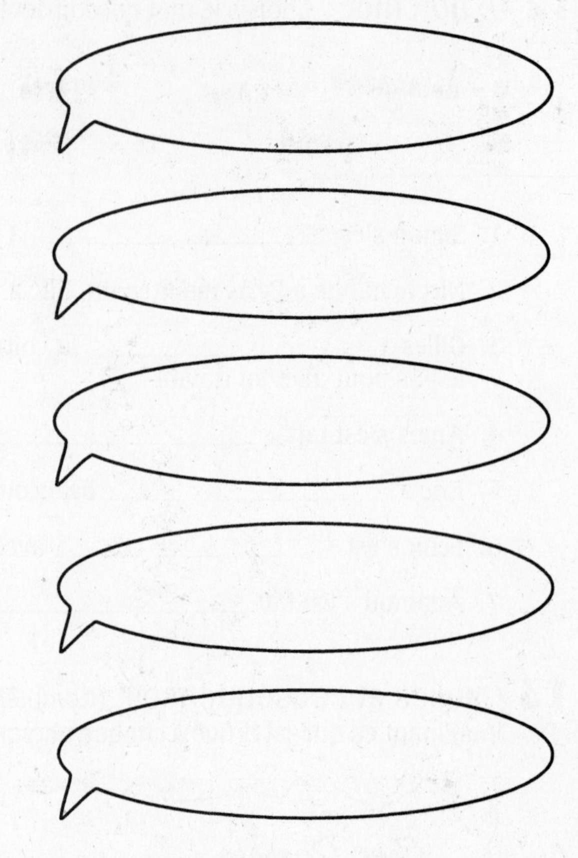

15 C'est pas vrai! Il s'est passé des choses incroyables dans la vie de ton amie Susie récemment. Ecris une conversation dans laquelle tu racontes à un(e) autre ami(e) au moins trois des choses qui sont arrivées à Susie. Utilise ton imagination! Ton ami(e) montre son intérêt, mais a aussi du mal à te croire.

____

____

____

____

____

____

____

____

____

____

____

Copyright © by Holt, Rinehart and Winston. All rights reserved.

16 Alors, raconte! Tu as déménagé et tes anciens camarades de lycée se sont réunis pour te téléphoner dans ta nouvelle ville. Après votre conversation, dis à ta sœur ce qu'ils t'ont raconté en utilisant le plus-que-parfait. N'oublie pas de faire tous les changements nécessaires.

Exemple : Antoine : «J'ai réussi mon bac!»
Antoine m'a dit qu'il avait réussi son bac.

1. Cécile : «J'ai embouti la voiture de ma mère.»
____
2. Liselotte : «J'ai déménagé.»
____
3. Julie : «Je me suis fiancée avec Sébastien!»
____
4. Nicolas : «J'ai trouvé un job super!»
____
5. Raphaël : «Je me suis acheté un vélomoteur.»
____
6. Perrine : «J'ai appris à faire de la plongée.»
____
7. Baptiste : «J'ai eu 18 à mon interro de maths!»
____

17 Sur les traces de Fabrice Martin visite la Guadeloupe avec Fabrice qui veut lui montrer tous les endroits où il est déjà allé l'année dernière. Complète la lettre que Martin t'a écrite en utilisant certains des verbes suggérés au passé composé ou au plus-que-parfait selon le cas.

commander **emboutir** **aller** **sortir** **se bagarrer** **visiter** **dormir** **tomber** **acheter**

Salut de Guadeloupe!
Figure-toi que mon copain Fabrice a passé ses vacances ici l'année dernière. Il a tellement aimé tout ce qu'il avait fait qu'il a décidé de refaire avec moi exactement le même itinéraire! Donc on ______________ dans tous les restaurants où il ______________ l'année dernière. On ______________ tous les plats qu'il ______________. Nous ______________ tous les parcs, les musées et les monuments qu'il ______________ pendant ses dernières vacances. On est allés au marché de Pointe-à-Pitre et je (j') ______________ exactement les mêmes souvenirs que Fabrice et sa sœur ______________ à leurs amis l'année dernière! Après ça, tu ne devineras jamais ce qui nous est arrivé! Alors qu'on était sur une petite route de campagne, on ______________ en panne exactement à l'endroit où Fabrice ______________ en panne l'année dernière! On était tellement fatigués qu'on a décidé de passer la nuit dans un village. Et, bien sûr, on ______________ à l'hôtel où ce cher Fabrice ______________ il y a un an exactement! Et on dit que l'histoire ne se répète pas... A bientôt, j'espère.

Martin

Copyright © by Holt, Rinehart and Winston. All rights reserved.

18 Figure-toi... Pense à quelque chose de drôle ou de bizarre qui t'est vraiment arrivé. Si rien ne t'est arrivé à toi, raconte quelque chose qui est arrivé à quelqu'un que tu connais. Raconte ton histoire au passé et n'oublie pas d'utiliser le plus-que-parfait quand c'est nécessaire.

19 Une blague Crée une blague au sujet des notes qu'un garçon a eues au lycée. Ensuite, écris une conversation dans laquelle tu racontes cette blague à un(e) camarade de classe. Utilise les expressions dans la boîte suivante.

avoir 17 à son bulletin
Est-ce que tu connais l'histoire de...
sa mère
dire à sa mère
C'est l'histoire de...
recevoir son bulletin trimestriel
lui demander en quelle matière
répondre
un garçon
être très content(e)
avoir 9 en français et 8 en maths

Copyright © by Holt, Rinehart and Winston. All rights reserved.

LISONS!

20 Tu la connais? Mets chacune de ces histoires drôles dans le bon ordre en numérotant les phrases qui les composent.

a. ______ Alors, le chercheur belge lui répond : «Mais non! Il va y aller pendant la nuit, bien sûr!»

______ Alors, son collègue français lui dit : «Mais, si votre vaisseau spatial va près du soleil, il va brûler.»

______ C'est l'histoire du chercheur scientifique belge qui se vante d'avoir inventé un vaisseau spatial pour explorer le soleil.

b. ______ Est-ce que tu connais celle du type qui veut être chauffeur?

______ Et alors, l'autre lui répond : «C'est tout à fait moi! Je pense immédiatement à une bonne excuse quand j'emboutis une voiture.»

______ L'homme qui cherche un chauffeur lui dit qu'il a besoin de quelqu'un qui ait des réactions rapides en cas d'accident.

c. ______ Et la petite fille lui répond : «C'est ma mère.»

______ Le directeur lui demande : «Et qui est à l'appareil?»

______ C'est l'histoire d'une petite fille qui ne veut pas aller à l'école.

______ Elle est bien bonne, ta blague!

______ Alors, elle téléphone au directeur de son école et elle lui dit : «Ma fille n'ira pas à l'école aujourd'hui; elle est malade.»

d. ______ Le touriste américain lui répond : «Oh! Nous, en Amérique, on peut construire une tour comme celle-là en six mois.»

______ Tu connais l'histoire du touriste américain qui prend un taxi à Paris?

______ Alors, le chauffeur lui dit : «Et ça, c'est l'Arche de la Défense. On l'a construite en moins d'un an!»

______ Alors, le chauffeur de taxi est un peu vexé et il s'arrête de parler. Mais au moment où ils passent devant la tour Eiffel, l'Américain lui demande : «Et ça, qu'est-ce que c'est?»

______ D'abord, le chauffeur de taxi lui dit : «Là, vous avez la tour Montparnasse. On l'a construite en un an et demi.»

______ Blasé, le touriste américain lui répond : «Bof! Une arche comme ça, nous, aux Etats-Unis, on la construirait en trois mois.»

______ Alors, le chauffeur de taxi lui dit : «Ça? Je sais pas! C'était pas là hier!»

Copyright © by Holt, Rinehart and Winston. All rights reserved.

PANORAMA CULTUREL

21 Vrai ou faux?

1. ________ Guadeloupe is an island near Hawaii.
2. ________ Banana and sugarcane are major exports of Guadeloupe.
3. ________ Fort-de-France is the main city in Guadeloupe.
4. ________ Residents of Guadeloupe are French citizens.
5. ________ Basse-Terre is a city in Guadeloupe.
6. ________ The climate in Guadeloupe is dry and cold.
7. ________ La Soufrière is a volcano.

22 **Je n'y comprends rien!** Your friend Jason sent you this letter from Guadeloupe. Answer his letter, explaining in English what he doesn't understand about the local culture.

Hi!
I'm spending a couple of weeks in Guadeloupe. It's a lot of fun, but strange things are happening to me. First of all, people seem offended when I go to the post office or a store. I usually say "Bonjour," buy what I need to buy, say "Merci," and leave. What's wrong with that? Also, when I talk to locals about going to France next year, they tell me I am in France.

2

As far as I can tell, I'm in the middle of the West Indies! What do they mean? Finally, I was just walking down the street yesterday when a group of local ladies carrying food baskets started to follow me! Boy, the food they were carrying smelled good! I wish I could speak French to find out all that's going on. Do you know what it's all about? Talk to you soon.

Jason

____

____

____

____

____

____

____

____

Copyright © by Holt, Rinehart and Winston. All rights reserved.

Nom ______________ Classe ______________ Date ______________

Laissez les bons temps rouler!

MISE EN TRAIN

1 L'Arrivée à Lafayette Les phrases suivantes résument **L'Arrivée à Lafayette.** Encercle la lettre des mots qui complètent chaque phrase.

1. Simon Laforest habite...
   a. en Louisiane.
   b. au Canada.
   c. en France.

2. Il va en Louisiane pour...
   a. l'année scolaire.
   b. passer les vacances.
   c. faire de la musique.

3. Simon et ses cousins de Louisiane sont les descendants de deux frères qui ont quitté... au XVIIIème siècle.
   a. la Guadeloupe
   b. la Tunisie
   c. l'Acadie

4. Simon est... d'Anne.
   a. le cousin
   b. le frère
   c. l'ami

5. La grand-mère de Simon est...
   a. embêtante.
   b. malade.
   c. marrante.

6. Anne rêve d'être...
   a. professeur d'histoire.
   b. avocate.
   c. musicienne.

7. Le Village Acadien est...
   a. un restaurant.
   b. un musée en plein air.
   c. une Maison des jeunes.

8. Anne n'aime pas tellement...
   a. le jazz.
   b. la trompette.
   c. le rock.

9. La semaine prochaine, Simon va...
   a. au Festival International de Louisiane.
   b. au carnaval.
   c. en Acadie.

Copyright © by Holt, Rinehart and Winston. All rights reserved.

Nom ______________________ Classe ______________ Date ______________

PREMIERE ETAPE

2 Ça fait bien longtemps... Lis ce que disent ces gens et décide s'ils **a) donnent des informations** ou **b) vérifient des informations.**

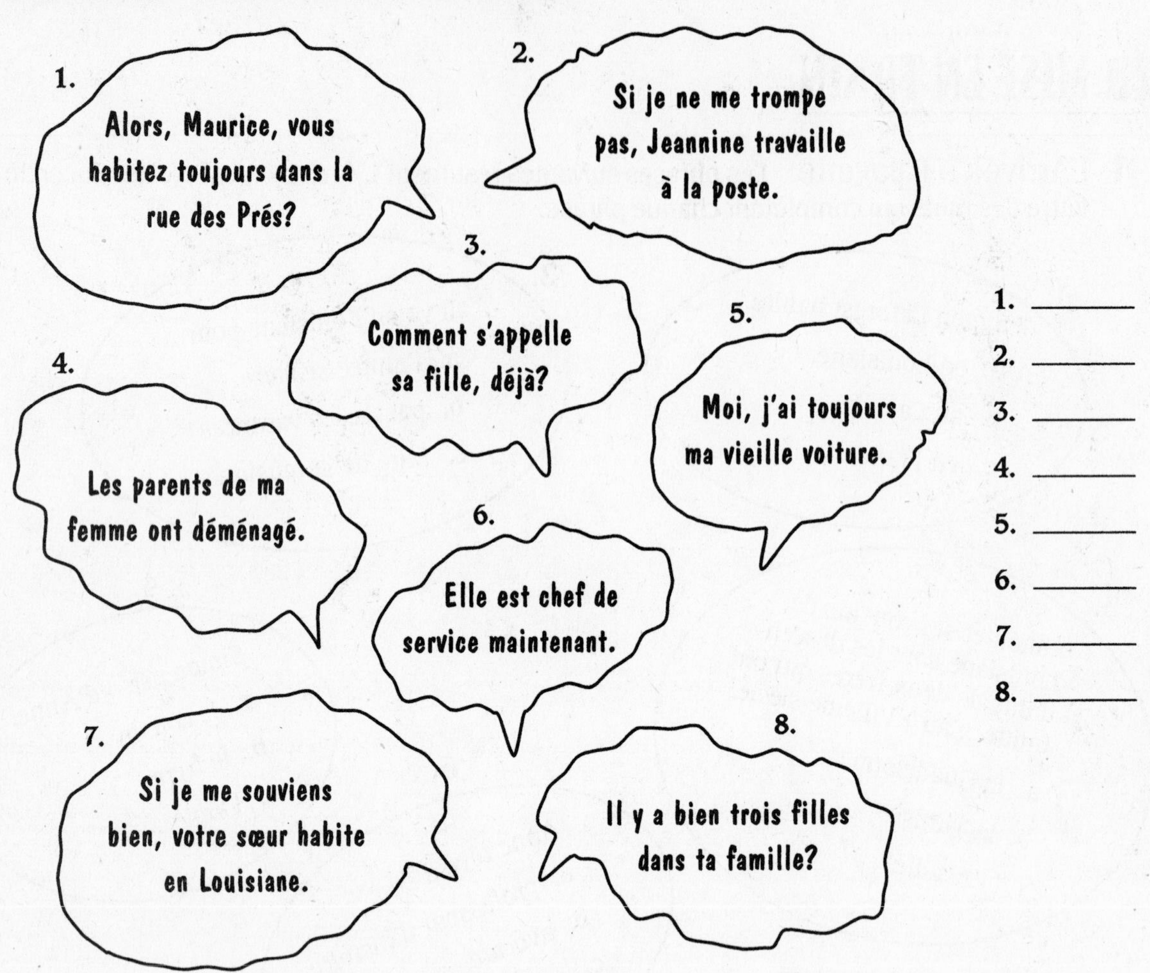

1. ______
2. ______
3. ______
4. ______
5. ______
6. ______
7. ______
8. ______

3 Un ami retrouvé Tu es en vacances en Californie et tu rencontres un(e) ancien(ne) camarade de classe que tu n'as pas vu(e) depuis trois ans. Pose-lui des questions en utilisant chacune des expressions proposées.

déjà — si je ne me trompe pas — bien — si je me souviens bien — toujours — c'est ça

1. ______________________________
2. ______________________________
3. ______________________________
4. ______________________________
5. ______________________________
6. ______________________________

Copyright © by Holt, Rinehart and Winston. All rights reserved.

4 **La fête de la musique** Ecris dans les bulles le nom des instruments musicaux que tu associes à chaque type de musique.

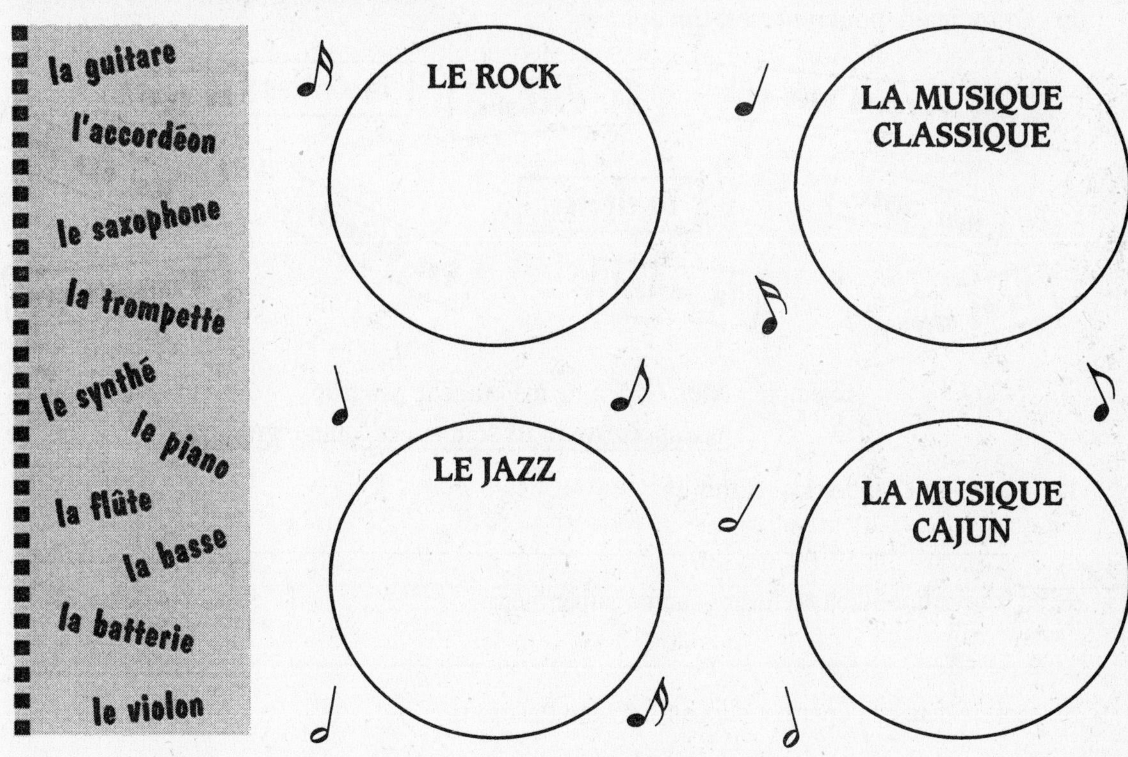

5 **Le meilleur groupe possible** Réponds aux questions suivantes.

1. Comment s'appelle ton groupe préféré et quel genre de musique est-ce qu'il joue?

____

____

2. Quels sont les membres du groupe et quel est leur rôle?

Exemple : Jacques Cordier. Il joue de la batterie.

____

____

____

____

____

____

3. Combien de leurs disques/cassettes/CD est-ce que tu as? Tu les écoutes souvent?

____

____

Copyright © by Holt, Rinehart and Winston. All rights reserved.

Nom ______ Classe ______ Date ______

6 Des avis différents Tes amis expriment leurs opinions sur des musiciens, des chanteurs et des groupes. Dis si tu es d'accord avec eux ou non en utilisant les expressions proposées et un commentaire pour renforcer ton opinion.

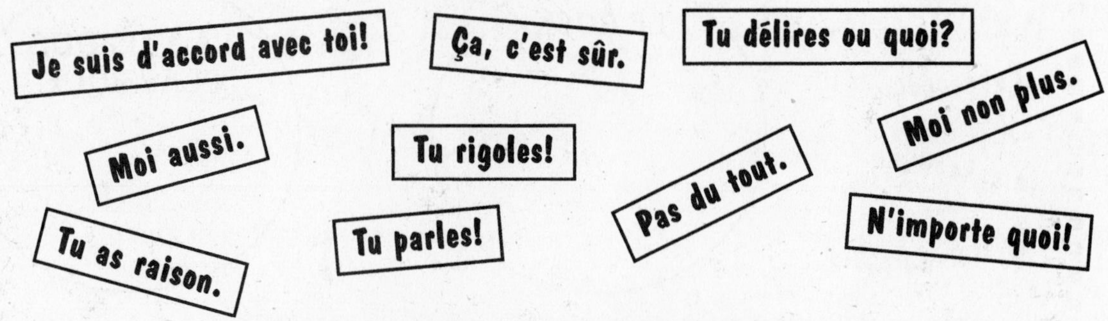

Exemple : Moi, U2, ça ne me branche pas trop.
N'importe quoi! Ils sont super comme groupe!

1. J'adore les Cranberries, et toi?

______

2. Je trouve que Reba McEntire chante super bien.

______

3. Moi, je déteste l'opéra et surtout Luciano Pavarotti.

______

4. Tu aimes R.E.M.? Moi, c'est mon groupe préféré.

______

CHAPITRE 11 Première étape

7 Toutes les musiques Ecris tes deux types de musique préférés et les deux que tu aimes le moins, et donnes-en tes opinions.

1. ______ ______

2. ______ ______

3. ______ ______

4. ______ ______

Copyright © by Holt, Rinehart and Winston. All rights reserved.

8 **Les jeunes et la musique** Prépare un sondage où tu demandes aux jeunes de ton lycée ce qu'ils pensent de différents genres de musique, instruments de musique et musiciens. Pose des questions précises et, pour chacune de tes questions, propose un choix de réponses dans un ordre logique. Utilise les expressions proposées et d'autres expressions que tu connais.

Je trouve ça super. J'aime beaucoup. Ça me plaît beaucoup. Ça m'éclate.
Je n'écoute que ça. Comment tu trouves... ? Qu'est-ce que tu penses de... ? Pas du tout.
Je trouve ça nul. Je n'aime pas du tout.
Ça ne me plaît pas du tout. Je n'aime pas tellement ça.
Ça ne me branche pas trop. Ça te plaît,... ?

1. ______
- ❑ ______
- ❑ ______
- ❑ ______
- ❑ ______

2. ______
- ❑ ______
- ❑ ______
- ❑ ______
- ❑ ______

3. ______
- ❑ ______
- ❑ ______
- ❑ ______
- ❑ ______

4. ______
- ❑ ______
- ❑ ______
- ❑ ______
- ❑ ______

Copyright © by Holt, Rinehart and Winston. All rights reserved.

REMISE EN TRAIN

9 Un festival cajun Complète la lettre de Simon à sa grand-mère à l'aide des mots proposés.

La Nouvelle-Orléans

zydeco

famille

danser

cajun

Dixieland

restaurant

jambalaya

Louisiane

Chère Mamie,

Je me plais bien ici. Aujourd'hui, nous sommes allés au Festival de ______________. Il y avait des musiciens de partout qui jouaient dans les rues. On s'est arrêtés pour écouter un groupe de musique ______________. C'est pas mal mais j'ai mieux aimé le groupe de jazz que j'ai entendu plus tard. Il jouait un genre de jazz typique de la région : le ______________. Anne a dit que nous pourrions peut-être aller au Festival de jazz de ______________ la semaine prochaine. Ça serait vraiment super ! Plus tard, nous avons dîné à Randol's, un très bon ______________ de Lafayette où l'on peut entendre des musiciens pendant qu'on mange. Ils ont des spécialités régionales comme le gombo et le ______________. J'ai laissé les autres choisir pour moi parce que je ne connaissais pas les plats. Quand le groupe de ______________ a commencé à jouer, les parents d'Anne se sont mis à ______________, et pas mal, je dois dire ! Anne a dit que c'est dans la ______________. Elle connaît ta réputation ! C'est dommage que tu ne sois pas avec nous ici. Bises —

Simon

Copyright © by Holt, Rinehart and Winston. All rights reserved.

DEUXIEME ETAPE

10 Mots emmêlés Démêle *(unscramble)* les questions suivantes.

1. on / anglais? / dit / en / «frites» / comment

____

2. c'est / un / qu'est-ce que / po-boy?

____

3. ça / dire / «saucisse»? / qu'est-ce que / veut

____

4. vient / le / «cajun»? / mot / d'où

____

5. il / dans / le / gombo? / a / qu'est-ce qu' / y

____

11 Que de questions! Fatima passe ses vacances en Louisiane. Devine quelles questions elle pose aux Louisianais d'après ce qu'ils lui répondent.

1.

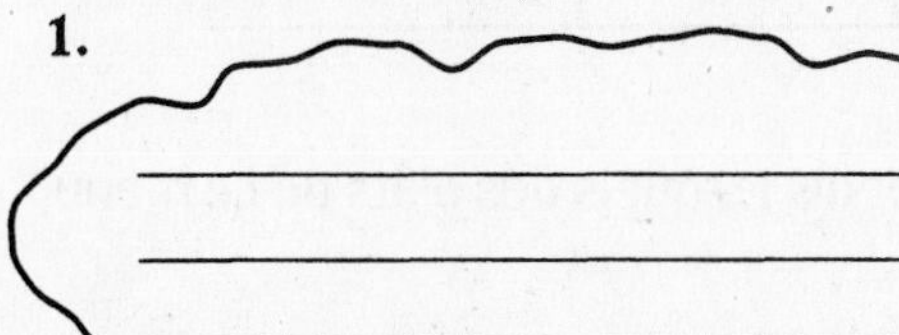

On fait ça avec du riz, du jambon, des saucisses, des crevettes et du crabe.

2.

Ça vient de l'anglais : «Let the good times roll».

3.

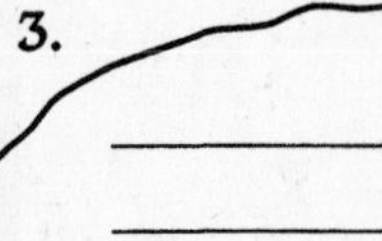

On dit «crevette».

4.

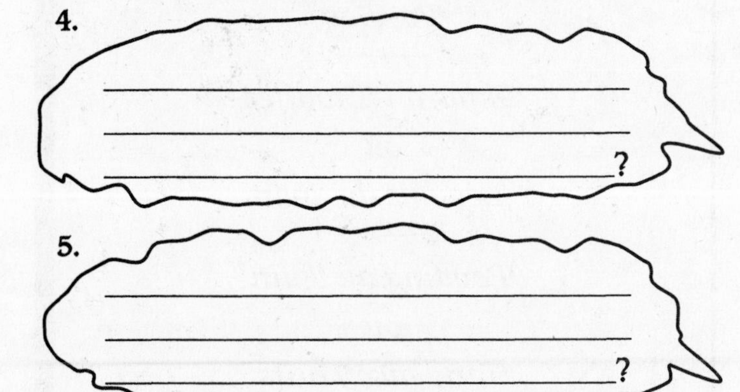

Ça veut dire «alligator».

5.

On appelle ça du «gombo».

Copyright © by Holt, Rinehart and Winston. All rights reserved.

12 Une fête cajun Pour la fête cajun du club français, il y aura beaucoup de plats préparés par les élèves. Vous voulez être certains qu'il y aura assez de hors-d'œuvre, de soupes, de plats principaux, etc. Regarde la liste des plats et mets-les dans la bonne catégorie : **a) hors-d'œuvre/soupes/salades, b) plats principaux, c) légumes** ou **d) desserts.**

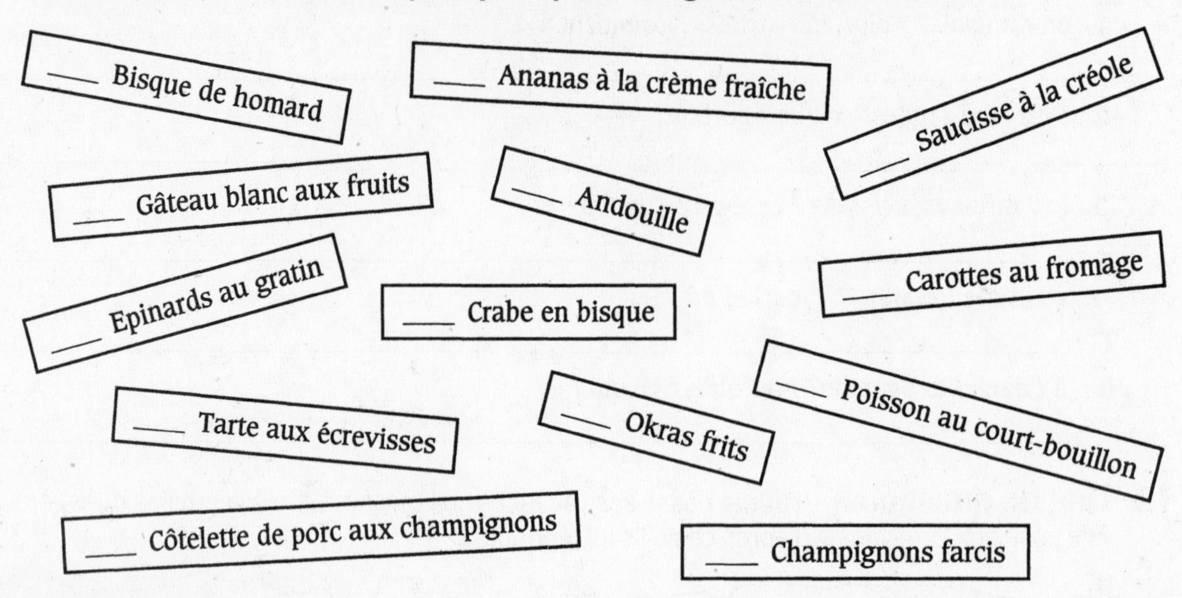

13 Quel délice! Regarde les trois photos ci-dessous et dis lesquels des plats de ce menu elles représentent.

____

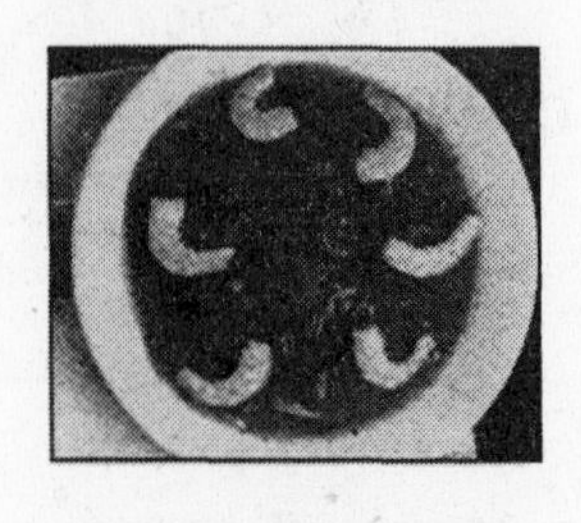

____

____

Aux Bons Temps

Menu à $20.00 :

Gombo aux Crustacés
ou
Huîtres Farcies

Jambalaya
ou
Po-Boy

Okras à l'Etouffée
ou
Légume du Jour

Pouding au Pain
ou
Tarte aux Fruits

Copyright © by Holt, Rinehart and Winston. All rights reserved.

14 **Des listes de courses** Lis les listes d'ingrédients que Monsieur Lassalle a préparées et choisis ce qu'il va cuisiner, d'après le contenu de chaque liste.

_____ **a.** Oysters Rockefeller

_____ **b.** Jambalaya

_____ **c.** Bread pouding

_____ **d.** Po-boy with shellfish

1.
des épinards
des huîtres
des épices

2.
des raisins secs
du pain
du sucre
du lait

3.
du riz
du jambon
de l'andouille
du porc
des épices

4.
des crevettes
des écrevisses frites
du pain
des okras

15 **C'est toi, le chef!** Tu as invité des amis à un repas cajun chez toi. Tu as les ingrédients suivants. Crée un menu pour ton dîner. Inclus une entrée, un plat principal et un dessert. Pour chaque plat, fais la liste des ingrédients dont tu vas avoir besoin. Attention! Tu ne peux utiliser chaque ingrédient qu'une seule fois!

ham crab bread fish spices mushrooms okras oysters raisins

hors-d'œuvre : _______________

les ingrédients : _______________

plat principal : _______________

les ingrédients : _______________

dessert : _______________

les ingrédients : _______________

Copyright © by Holt, Rinehart and Winston. All rights reserved.

16 **Mais, que disent-ils?** Simon est dans un restaurant de Lafayette avec les Laforest. Complète leur conversation à l'aide de **ce qui** ou **ce que.**

SIMON Moi, je ne sais pas __________ je vais commander...

M. LAFOREST Moi non plus, mais __________ je sais, c'est que le gombo est fameux ici.

MME LAFOREST Moi, __________ me plaît ici, c'est l'ambiance. C'est vraiment typique de la Louisiane. __________ est incroyable, c'est qu'ils aient préservé l'authenticité de l'époque coloniale.

ANNE Alors, Simon, tu ne sais toujours pas __________ tu veux?

SIMON Euh... non. Je crois que je voudrais commander __________ j'ai commandé à Randol's l'autre jour, mais je ne me rappelle plus __________ c'était.

ANNE Est-ce que tu sais __________ il y avait dans ce plat?

SIMON Pas exactement, mais __________ est sûr, c'est qu'il y avait du riz et de la saucisse dedans.

MME LAFOREST Alors, c'était du jambalaya.

SIMON Oui, c'est ça! Du jam-ba-la-ya. Quel drôle de nom!

17 **Tes impressions** Imagine que tu visites la Louisiane pour la première fois de ta vie. Ecris une lettre à un(e) camarade de classe et raconte-lui tes impressions en utilisant certaines des expressions proposées.

il me semble que — ce que j'aime vraiment — ce que je trouve super — j'ai l'impression que — ce qui est incroyable — on dirait que — ils ont l'air de — ce qui saute aux yeux — ce que je n'aime pas trop

Copyright © by Holt, Rinehart and Winston. All rights reserved.

LISONS!

18 L'histoire d'Evangéline

Le chêne et la statue d'Evangéline, situés à St-Martinville, en Louisiane, sont parmi les points d'attraction les plus populaires de la région. L'histoire qui s'y rapporte se passe en 1755, au moment où des milliers d'Acadiens ont été chassés de leur territoire canadien par les Anglais et se sont réfugiés en Louisiane. Ces événements, dit-on, ont causé la séparation d'une jeune fille, Evangéline, et de son fiancé, Gabriel. Une des versions de cette histoire raconte qu'après un long voyage, la jeune fille est arrivée en Louisiane. Malheureusement, sa tristesse l'empêchait d'apprécier la beauté de cette région si différente de celle de son enfance. Elle ne pensait qu'à son passé et à l'homme qu'elle avait perdu. Quand, finalement, elle a retrouvé son cher Gabriel, assis sous le grand chêne au bord du bayou Teche, elle n'a pas pu contenir sa joie. Mais le jeune homme l'a regardée avec tristesse et, après quelques hésitations, lui a avoué qu'il en aimait une autre. Evangéline n'a jamais pu oublier Gabriel et a passé le reste de sa vie dans le regret et la mélancolie, rêvant qu'un jour, Gabriel lui reviendrait. Le chêne d'Evangéline est resté le symbole de la rencontre d'Evangéline et de son bien-aimé.

a. Based on the context, what do you think these words mean?

un chêne : ______________________

chassés : ______________________

bien-aimé : ______________________

a avoué : ______________________

b. Are these statements **a) true** or **b) false?** If they're false, correct them.

______ Evangeline traveled from Louisiana to Canada in the 18th century.

____

______ Evangeline was sad because she missed her country.

____

______ Gabriel told Evangeline that he was in love with another woman.

____

______ Evangeline's tree and statue are popular landmarks in Louisiana.

____

______ The tree is the place where Evangeline and Gabriel got married.

____

Copyright © by Holt, Rinehart and Winston. All rights reserved.

PANORAMA CULTUREL

19 Mots croisés louisianais Write the English clues to this crossword puzzle.

HORIZONTALEMENT :

1. ______________________________
2. ______________________________
3. ______________________________
____
4. ______________________________
5. ______________________________
6. ______________________________

VERTICALEMENT :

7. ______________________________
8. ______________________________
9. ______________________________
____
10. ______________________________
11. ______________________________
12. ______________________________

Copyright © by Holt, Rinehart and Winston. All rights reserved.

Nom _______________ Classe _______________ Date _______________

Echanges sportifs et culturels

MISE EN TRAIN

1 A nous les Jeux olympiques! Ecris le nom de chaque personnage de **A nous les Jeux olympiques** sous le sport qu'il pratique.

MADEMBA : «Tu sais, je suis champion de lutte!»

____

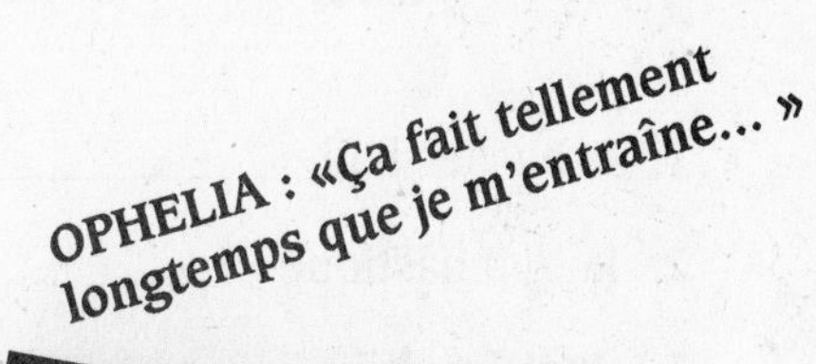

____

____

YOUSSEF : «Je serai le seul plongeur olympique sans maillot!»

____

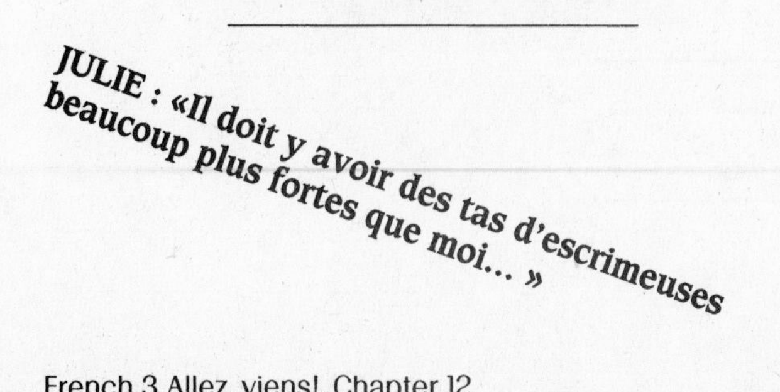

Copyright © by Holt, Rinehart and Winston. All rights reserved.

PREMIERE ETAPE

2 L'équipement sportif Dis ce qu'on utilise pour pratiquer les sports suivants. Attention! Dans certains cas, on utilise plusieurs choses pour un seul sport.

un disque, une balle, un bâton, un panier, des flèches, une bicyclette, un arc, des gants, un ballon, des haltères, un casque, un maillot, des bottes, une perche, des anneaux, une poutre

1. le basket-ball : ______
2. la gymnastique : ______
3. l'haltérophilie : ______
4. le base-ball : ______
5. l'athlétisme : ______
6. l'équitation : ______
7. la natation : ______
8. la boxe : ______
9. le tir à l'arc : ______

3 Des conseils d'ami Tes amis sont en train de décider quels nouveaux sports ils vont pratiquer. Donne-leur des conseils.

Exemple : Taki est très grand, agile et mince. Tu devrais essayer le basket-ball.

1. Chantal a un corps très flexible.
   Tu devrais faire ______.
2. Pierre aime la précision et il a de bons réflexes.
   Essaie ______.
3. Myriam court le plus vite et saute le plus haut de sa classe.
   Fais ______.
4. Robert adore l'eau.
   Fais ______.
5. Désiré a les bras très forts.
   Tu devrais essayer ______.

Copyright © by Holt, Rinehart and Winston. All rights reserved.

Nom ______________________ Classe ______________ Date ______________

4 Mots croisés

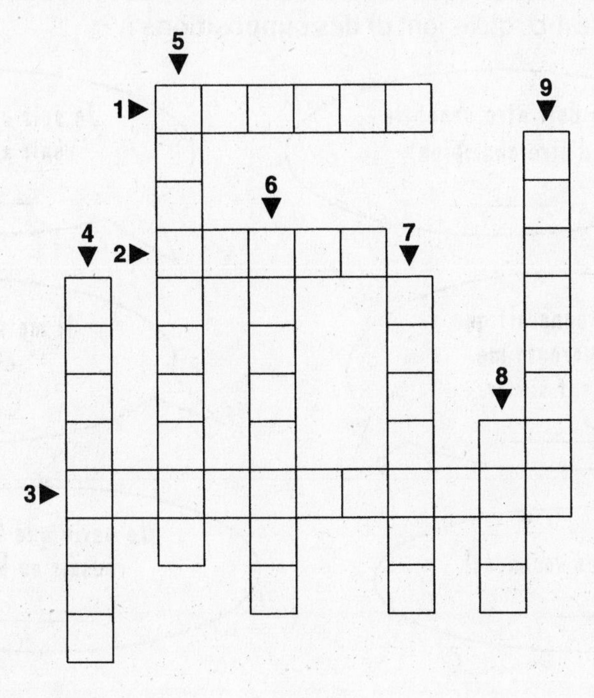

HORIZONTALEMENT :

1. Pour pratiquer ce sport, on a besoin de rames.
2. C'est un sport de combat.
3. On utilise souvent des barres asymétriques et une poutre pour ça.

VERTICALEMENT :

4. Pour ce sport, on a besoin d'un plongeoir et de beaucoup d'eau!
5. Cette activité sportive regroupe le saut à la perche, le lancer du disque, le saut en longueur, etc.
6. Il faut des flèches pour en faire.
7. On ne peut pas pratiquer ce sport sans une épée et un masque.
8. Un sport de combat d'origine asiatique.
9. Si vous avez un vélo, vous pouvez en faire.

5 Et chez toi? Dis quels types d'équipement sportif vous avez dans ta famille. Dis aussi qui utilise chaque chose et pour quel sport.

Exemple : Nous avons des raquettes. Mes parents les utilisent pour jouer au tennis.

____

____

____

____

____

____

____

____

CHAPITRE 12 Première étape

Copyright © by Holt, Rinehart and Winston. All rights reserved.

6 Que disent-ils? Est-ce que ces gens expriment **a) de l'impatience, b) une certitude, c) des doutes** ou est-ce qu'ils font **d) des suppositions?**

7 Aux Jeux olympiques Julien est en route pour les Jeux olympiques. Dans le train, il rencontre Latifa qui y va aussi. Ils sont tous les deux impatients d'arriver et ils font des suppositions sur ce qui va se passer pendant les Jeux. Complète leur conversation en utilisant une expression différente dans chaque cas.

JULIEN ______________________ qu'on arrive! Je suis vraiment impatient de voir les premières épreuves!

LATIFA Moi aussi! ______________________ surtout de voir l'athlétisme.

JULIEN Moi, c'est la natation qui m'intéresse. Malheureusement, l'équipe française n'est pas en forme cette année. ______________________ qu'elle gagne des médailles d'or.

LATIFA Oui, moi aussi. ______________________ que les Chinois vont gagner.

JULIEN ______________________. C'est toujours eux qui gagnent les épreuves de natation.

LATIFA En tout cas, dès que j'arriverai, j'irai à l'hôtel où est l'équipe de foot marocaine.

JULIEN Chouette! Je viendrai avec toi. On ______________________ leur demander des autographes.

LATIFA Tu sais, je ______________________ qu'on nous laisse rentrer dans l'hôtel. Les athlètes sont très protégés.

JULIEN Mmm... ______________________ chouette d'être champion!

Copyright © by Holt, Rinehart and Winston. All rights reserved.

8 Des projets Complète les phrases suivantes en utilisant les verbes proposés au temps qui convient.

avoir habiter être finir pouvoir voir aller prendre arriver visiter

1. Dès que je (j') ______________ en vacances, je partirai chez ma grand-mère.
2. Je serai contente quand je (j') ______________ me reposer.
3. Dès que mon frère ______________ seize ans, il passera son permis de conduire.
4. Ils mangeront dans de bons restaurants quand ils ______________ en France.
5. Ecris-moi une carte postale dès que tu ______________ à Fort-de-France.
6. Quand il ______________ à Abidjan, il ira souvent au marché de Treichville.
7. Dès que nous ______________ le lycée, nous partirons en vacances.
8. Quand vous ______________ les épreuves d'équitation, prenez des photos.
9. Elle nous invitera chez elle dès qu'elle ______________ un appartement.
10. Elles viendront nous voir quand elles ______________ la région.

9 Bientôt les Jeux Ecris une carte postale à la famille avec qui tu logeras aux prochains Jeux olympiques. Parle-leur des événements auxquels tu voudras assister et de ce que tu voudras faire dès que tu arriveras. Fais aussi des suppositions sur qui gagnera.

Copyright © by Holt, Rinehart and Winston. All rights reserved.

REMISE EN TRAIN

10 Un rendez-vous sportif et culturel Devine lesquels/lesquelles des jeunes d'**Un rendez-vous sportif et culturel** ont écrit ces lettres à leur famille et à leurs amis pendant les Jeux olympiques.

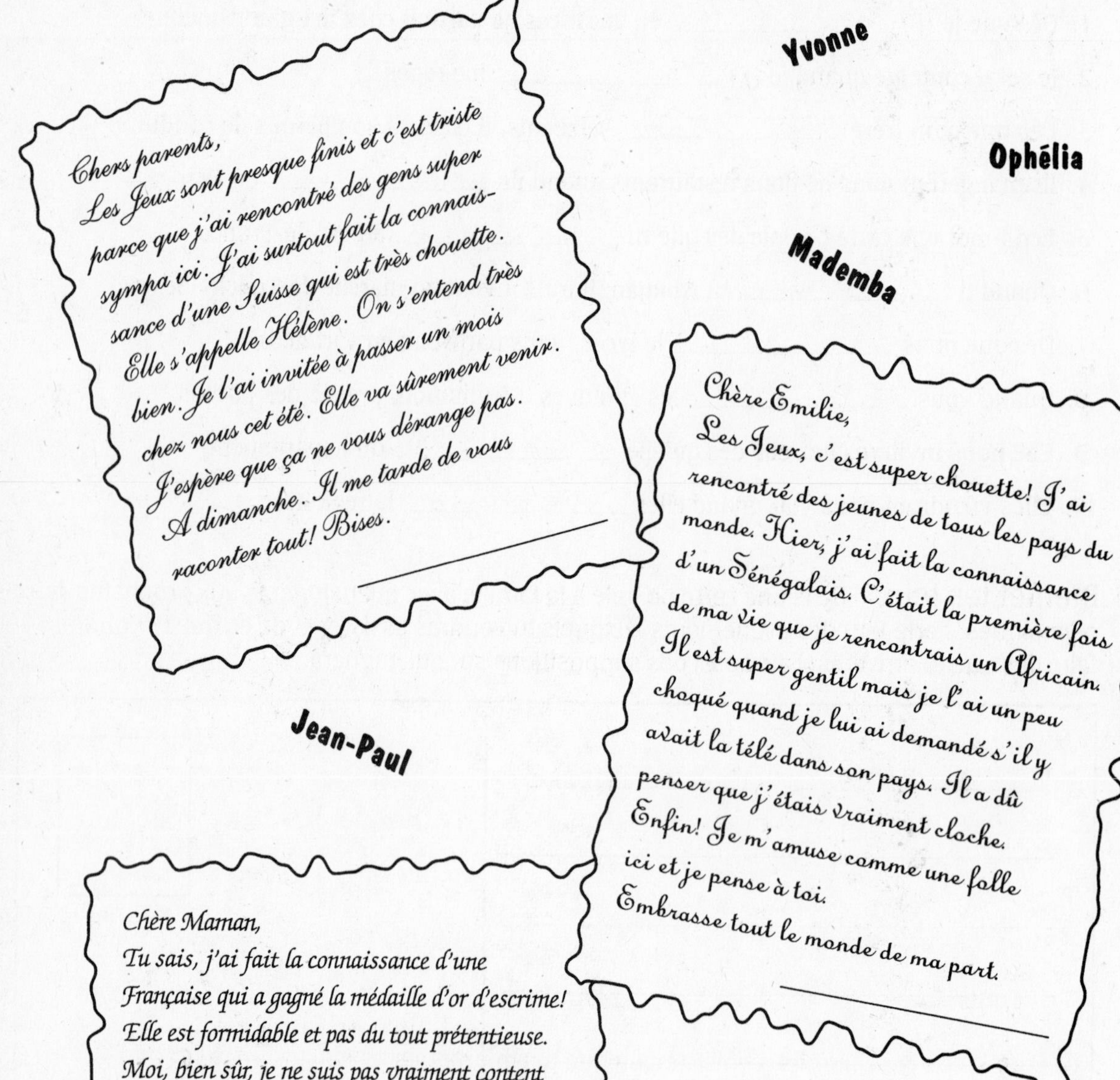

Chers parents,
Les Jeux sont presque finis et c'est triste parce que j'ai rencontré des gens super sympa ici. J'ai surtout fait la connaissance d'une Suisse qui est très chouette. Elle s'appelle Hélène. On s'entend très bien. Je l'ai invitée à passer un mois chez nous cet été. Elle va sûrement venir. J'espère que ça ne vous dérange pas. A dimanche. Il me tarde de vous raconter tout! Bises.

____

Chère Emilie,
Les Jeux, c'est super chouette! J'ai rencontré des jeunes de tous les pays du monde. Hier, j'ai fait la connaissance d'un Sénégalais. C'était la première fois de ma vie que je rencontrais un Africain. Il est super gentil mais je l'ai un peu choqué quand je lui ai demandé s'il y avait la télé dans son pays. Il a dû penser que j'étais vraiment cloche. Enfin! Je m'amuse comme une folle ici et je pense à toi.
Embrasse tout le monde de ma part.

____

Chère Maman,
Tu sais, j'ai fait la connaissance d'une Française qui a gagné la médaille d'or d'escrime! Elle est formidable et pas du tout prétentieuse. Moi, bien sûr, je ne suis pas vraiment content de mes performances. Je ne suis même pas fier du tout... Je ne comprends vraiment pas ce qui s'est passé. En tout cas, ma consolation, c'est que j'ai profité au maximum de mon expérience aux Jeux olympiques. Je n'oublierai jamais tous les gens que j'ai rencontrés ici. Je te raconterai ça en détail à mon retour. Grosses bises.

____

Hélène

Julie

Copyright © by Holt, Rinehart and Winston. All rights reserved.

Nom ______________________ Classe ______________ Date ______________

DEUXIEME ETAPE

11 Jeu de mémoire Est-ce que tu te souviens de tous les pays et régions francophones que tu as étudiés dans *Allez, viens!*?

a. Place la lettre qui correspond à chaque endroit sur la carte du monde.

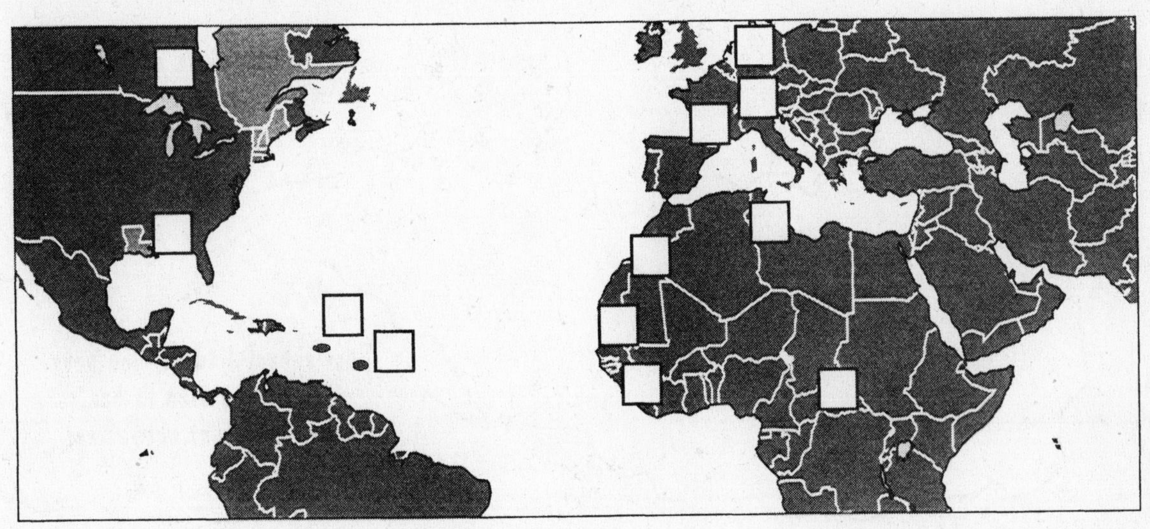

a. Belgique b. Canada c. Côte d'Ivoire d. France e. Guadeloupe
g. Maroc h. Martinique k. Suisse
f. Louisiane l. Tunisie j. Sénégal i. République centrafricaine

b. Maintenant, écris la lettre du pays ou de la région devant la ville qui s'y trouve.

____ Fort-de-France	____ Tours	____ Abidjan
____ Genève	____ Montréal	____ Bruxelles
____ Pointe-à-Pitre	____ La Nouvelle-Orléans	____ Dakar
____ Tunis	____ Marrakech	

c. Parmi tous ces endroits, choisis-en un que tu aimerais visiter et explique pourquoi.

____

____

____

____

____

____

Copyright © by Holt, Rinehart and Winston. All rights reserved.

12 Un(e) Ivoirien(ne) en France Assika est ivoirienne. Elle est nouvelle au lycée Henri IV et les autres élèves lui posent des questions. En lisant les réponses d'Assika, peux-tu deviner les questions qu'on lui pose?

Je suis de Côte d'Ivoire.

C'est super! J'adore mon pays.
On s'amuse bien là-bas.
Les plages sont chouettes.

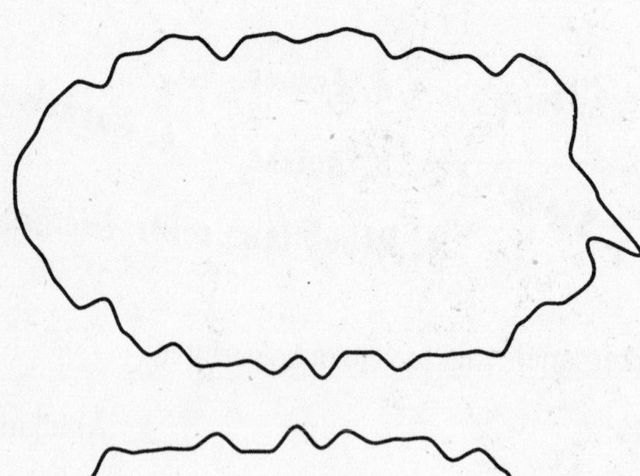

Euh... du foutou,
beaucoup de fruits,
de l'aloco qui est fait avec
des bananes. C'est délicieux!

A Abidjan? On va au cinéma,
on se promène dans les marchés,
on fait les magasins...
Plein de choses, quoi.

Oui, bien sûr! Il y en a
beaucoup même. Les Ivoiriens
aiment bien la cuisine française.

Copyright © by Holt, Rinehart and Winston. All rights reserved.

Nom ______________________ Classe ______________ Date ______________

13 **Dis-moi, Adamou...** Imagine que tu rencontres Adamou, un jeune Nigérien. Tu sais seulement que le Niger est un pays d'Afrique de l'Ouest. Pose-lui huit questions sur sa vie dans son pays.

1. ______________________________
2. ______________________________
3. ______________________________
4. ______________________________
5. ______________________________
6. ______________________________
7. ______________________________
8. ______________________________

14 **Qu'est-ce qu'ils disent?** Devine ce que ces jeunes disent dans chaque situation.

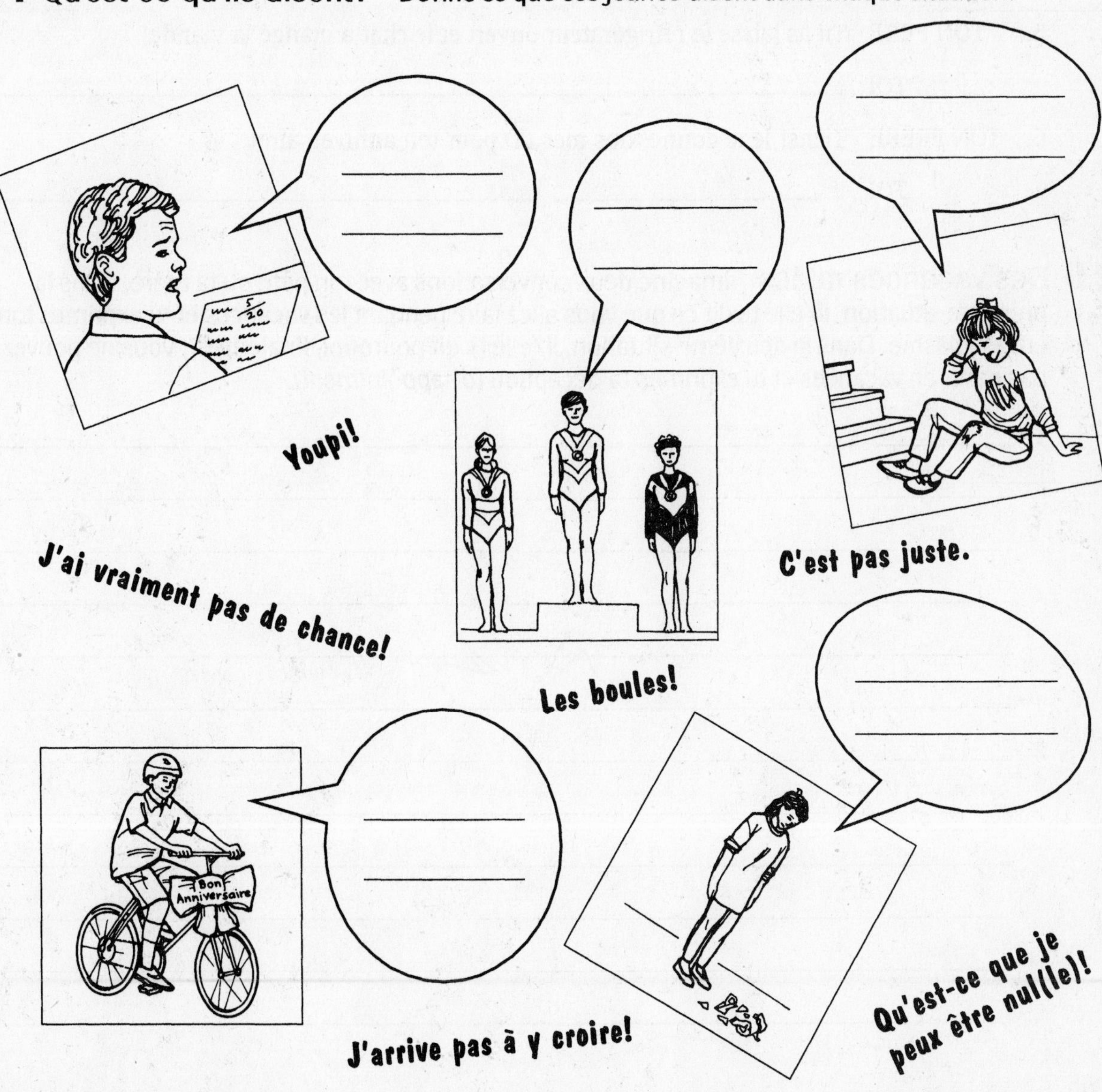

CHAPITRE 12 Deuxième étape

Copyright © by Holt, Rinehart and Winston. All rights reserved.

15 Réponse à tout Qu'est-ce que tu dirais si on te disait les choses suivantes? Utilise une expression différente dans chaque cas.

Exemple : TON PROF Félicitations! Tu as 15 à ton interro.

TOI Youpi!

1. TA MERE Tu ne peux pas sortir ce soir. Il faut que tu gardes ton frère.

   TOI ____________________

2. TON COPAIN Ma grand-mère m'a donné 100 dollars! Je t'en donne 50.

   TOI ____________________

3. TON PROF Tu as oublié ton livre? Eh bien, tu es collé(e) samedi après-midi!

   TOI ____________________

4. TA COPINE Viens au café avec moi! J'ai donné rendez-vous à Michael Jordan.

   TOI ____________________

5. TON PERE Tu as laissé le réfrigérateur ouvert et le chat a mangé la viande!

   TOI ____________________

6. TON FRERE Tiens! Je te donne tous mes CD pour ton anniversaire!

   TOI ____________________

16 Des vacances ratées Imagine deux conversations avec ton père ou ta mère. Dans la première situation, il/elle te dit ce que vous allez faire pendant les vacances et tu exprimes ton enthousiasme. Dans la deuxième situation, il/elle te dit pourquoi, finalement, vous ne pouvez pas partir en vacances et tu exprimes ta déception *(disappointment)*.

1. ____________________

2. ____________________

Copyright © by Holt, Rinehart and Winston. All rights reserved.

LISONS!

17 Le père des Jeux olympiques Read this article and then answer the questions in English.

On doit les Jeux à Coubertin

Pierre Frédy, baron de Coubertin (1863–1937), rêvait de mettre au point un programme éducatif inspiré de la tradition grecque basée sur un développement équilibré de l'esprit et du corps. C'est grâce à sa détermination et à son sens de l'organisation que les Jeux olympiques modernes, inspirés des Jeux d'Olympie de la Grèce antique, sont nés. Coubertin a suggéré de relancer cet événement sportif au cours d'une réunion de l'Union des sports athlétiques tenue à Paris en 1892. Au début, le projet de Coubertin n'a pas suscité beaucoup de réactions, mais en 1894, grâce à la persévérance du Français, un congrès sportif international s'est enfin réuni. Des délégués de Belgique, d'Angleterre, de France, de Grèce, d'Italie, de Russie, d'Espagne, de Suède et des Etats-Unis ont créé les Jeux de l'Olympiade, aussi appelés Jeux olympiques.

Pierre de Coubertin aurait voulu que les premiers Jeux se passent en France, mais les délégués internationaux l'ont convaincu que la Grèce était le pays d'accueil de choix. Ils ont décidé que les Jeux auraient lieu tous les quatre ans dans diverses villes du monde. Treize pays ont participé aux premiers Jeux d'Athènes en 1896. Il y avait 311 concurrents en compétition dans neuf disciplines sportives : le cyclisme, l'escrime, la gymnastique, le tennis sur gazon, le tir, la natation, l'athlétisme, l'haltérophilie et la lutte. En 1908, les concurrents étaient déjà au nombre de 2.082.

Les premiers Jeux olympiques d'hiver se sont tenus dans la ville française de Chamonix en 1924.

1. Where was Pierre de Coubertin from?

____

2. What does the title of the article mean? Explain.

____

____

3. What countries participated in the creation of the modern Olympic Games?

____

____

4. Where did the first summer Olympic Games take place? Why was that country chosen?

____

____

5. Were the first modern Olympic Games as popular as they are today? How can you tell?

____

____

6. What sports were represented at the first Olympic Games?

____

____

Copyright © by Holt, Rinehart and Winston. All rights reserved.

Nom ____________ Classe ____________ Date ____________

PANORAMA CULTUREL

18 Des brochures touristiques You're preparing tourist brochures in English about Guadeloupe, Tunisia, and Belgium. Write a few thoughts on these countries or regions, mentioning the places and things proposed below as well as other details you know.

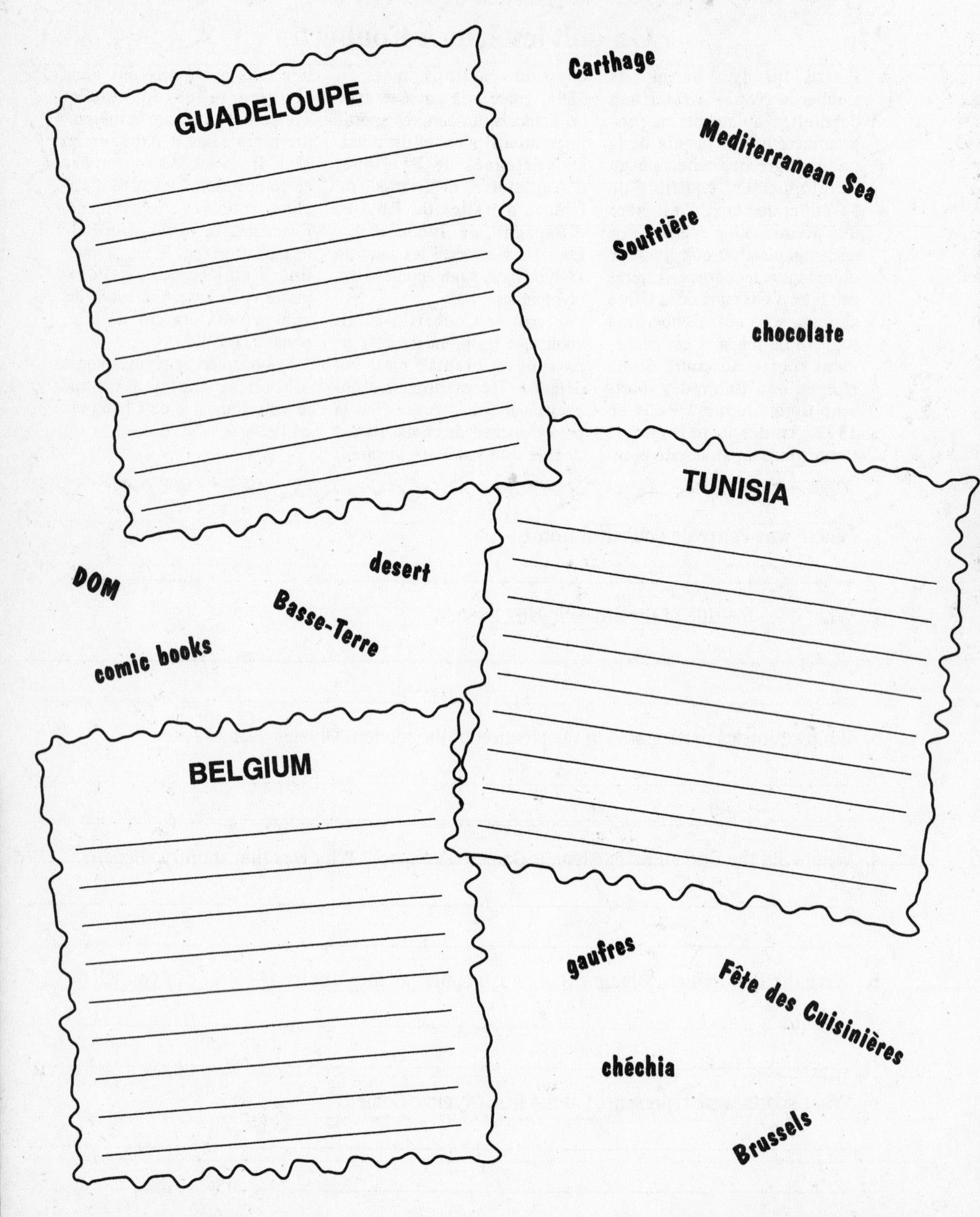

CHAPITRE 12 Panorama culturel

Copyright © by Holt, Rinehart and Winston. All rights reserved.

MON JOURNAL

Décris ta plus mauvaise expérience (réelle ou imaginaire) dans un restaurant. Décris l'endroit, les gens *(people)*, l'ambiance, le service et la nourriture.

Copyright © by Holt, Rinehart and Winston. All rights reserved.

MON JOURNAL

Raconte un voyage en voiture, réel ou imaginaire mais mémorable. Dis ce qui s'est passé, avec qui tu étais, d'où tu es parti(e), où tu t'es arrêté(e) et comment ton voyage s'est terminé.

Copyright © by Holt, Rinehart and Winston. All rights reserved.

MON JOURNAL

Dis à quel âge tu as commencé à avoir des responsabilités chez toi. Décris ces responsabilités, ce que tu en pensais et si tu les assumais *(fulfill)* toujours.

Copyright © by Holt, Rinehart and Winston. All rights reserved.

MON JOURNAL

Parle d'une personne célèbre que tu admires pour son style. Décris sa coiffure et ses vêtements, et explique pourquoi tu aimes ce style.

Copyright © by Holt, Rinehart and Winston. All rights reserved.

MON JOURNAL

Si tu héritais d'un million de dollars, comment est-ce que ta vie changerait? Aurais-tu les mêmes projets pour l'avenir? Que voudrais-tu faire de ton argent?

Copyright © by Holt, Rinehart and Winston. All rights reserved.

Nom _______________ Classe _______________ Date _______________

MON JOURNAL

Décris une dispute réelle ou imaginaire que tu as eue avec ton/ta meilleur(e) ami(e), ton frère ou ta sœur. Raconte la cause de la dispute, les choses que vous vous êtes dites et la résolution de votre conflit.

Copyright © by Holt, Rinehart and Winston. All rights reserved.

MON JOURNAL

Si tu étais un animal sauvage, lequel voudrais-tu être? Explique pourquoi et dis comment il faudrait que tu vives.

Copyright © by Holt, Rinehart and Winston. All rights reserved.

MON JOURNAL

Fais une description de ta ville. Compare-la à une autre ville bien connue. Qu'est-ce qu'on peut faire dans ta ville? Quels sont les avantages et les inconvénients de vivre dans ta ville?

Copyright © by Holt, Rinehart and Winston. All rights reserved.

Nom ______________________ Classe ______________ Date ______________

MON JOURNAL

Parle de ton émission de télévision préférée. Est-ce que c'est un feuilleton, un jeu, une émission de variétés ou un autre genre d'émission? Explique pourquoi tu l'aimes, qui y participe, si tes ami(e)s la regardent aussi, etc. Raconte le dernier épisode que tu as vu et dis ce que tu en as pensé.

Copyright © by Holt, Rinehart and Winston. All rights reserved.

MON JOURNAL

Raconte quelque chose qui t'est arrivé et dont tu es très fier (-ère). Dis pourquoi cet événement est important pour toi et si d'autres personnes t'ont fait des compliments. Tu peux inventer un événement, si tu veux.

Copyright © by Holt, Rinehart and Winston. All rights reserved.

Nom ______________________ Classe ______________ Date ______________

MON JOURNAL

Parle de ce qui est particulier à ta région : la musique, la nourriture, le style de vie, la nature, les festivals, etc. Dis ce qui te plaît et te déplaît le plus dans cette région. Donne tes impressions générales comme si tu renseignais quelqu'un qui voulait y vivre.

Copyright © by Holt, Rinehart and Winston. All rights reserved.

MON JOURNAL

Raconte un événement important (examen, compétition, cérémonie, etc.), réel ou imaginaire, pour lequel tu t'es préparé(e) pendant longtemps. Parle de ton expérience de l'événement lui-même et de tes sentiments pendant la préparation de cet événement.

Copyright © by Holt, Rinehart and Winston. All rights reserved.